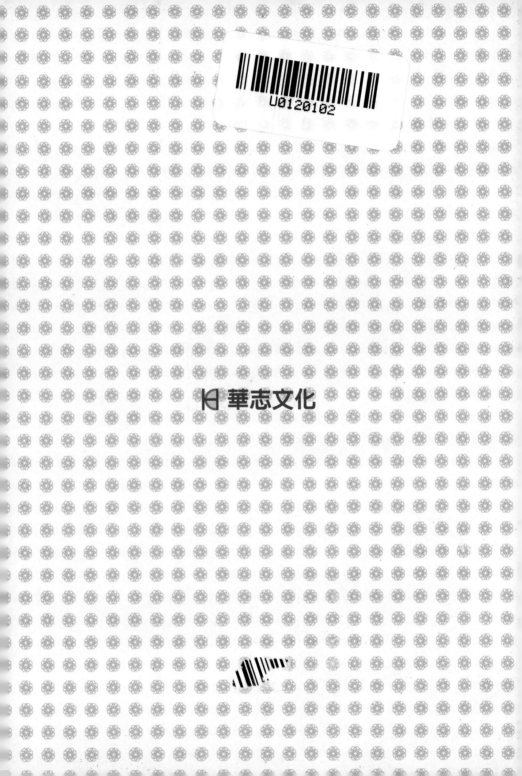

華志文化

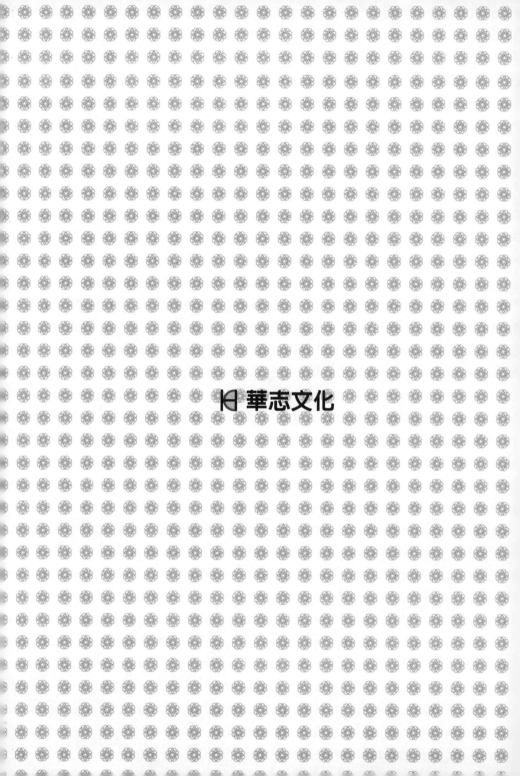

華志文化

我學易經的第一步

「易」有幾千歲的壽命，而且活得很有活力

我學易經的第一步
《周易形勢學》的前置課程

你學的是《易經》，還是《易》學？
如果你學了《易經》仍然不清楚《易經》的內容，
那麼你學的可能是《易》學，而不是《易經》。

《易經》的精神首重六爻演卦，
不懂六爻演卦就不懂爻辭的意思，
不懂演卦的道理和爻辭的意思，
能說懂《易經》嗎？

《周易形勢學》也是《易》學的一種。
不過這個《易》學專講《易經》，
不但讓你瞭解《易經》的內容，
也成為《易經》硬底子的專家。

《周易》六爻演卦箴言

心思欲念　存誠務實

全息觀照　內聖外王

《周易》六爻演卦箴言

必思欲念、存誠務實、全息觀照、內聖外王

第一篇

一之一

期待已久的《易經》課程在朋友的熱心協助下終於開課了！第一堂課，大概提到我學《易》的過程，並且揀選了幾本各代、近代、現代比較有代表性，或者我認為比較有特色的著作，介紹給大家認識一下。中間休息時間，一位學員走過來翻閱桌面上成推的書說：「你看了這麼多書喔！」

「這只是一部分……」我笑著回答。

或許他還體會不到有關《易經》的著作究竟有多少，雖然我能體會，但我也不是很清楚，只是一個「很多」的印象。

《易經》是一本壽命很長的書，不只長命百歲、千歲，已經有了幾千歲的壽命，而且現在還活著，活得很健康，活得很有活力。古人寫它，現代人也寫它，「汗牛充棟」只是個形容詞，體會不深。這樣說吧！我寫了一本《周易形勢學》不過是把這本書投入《易》學書海當中，只聽到「噗嗵」的一聲，這樣就不難想像了吧！

雖然極盡所能，但站在《易》學長河的岸邊，我也只能挑選淺灘的位置，摸著石頭過河，不能像（䷽）既濟爻辭「上六，濡其首，厲」。意思是說：「上六，小狐渡河沾濕頭部，有危險」，一不小心就滅了頂！當然，這樣的形容是有些誇大，除非不想踏進這個領域，不想知道《易經》是啥東西也就罷了，一旦想要投入時間金錢來學《易》，很容易落入《易》學的迷魂陣裡，

被它帶來帶去，全然被動，搞不清方向；縱使可以全身而退，往往也是無功而返，這些都是常有的事。

所以我決定順著這次教學的過程，把我的心得感想，和學員發生的狀況，以及所提出的問題紀錄下來，提供給有志學《易》的人一個參考，或許可以從中得到一些釋疑也說不定。

一之二

學《易經》不能不瞭解它的歷史。因為它的壽命太長，這麼長的時間裡參與的人太多，在不同時期，用不同的思維給了它不同的面貌，不斷的論述注解，不斷的引申發揮，終究成為今日龐大的身軀，難窺全貌，這就是《易》學。不瞭解它的發展過程，就像我們不知道一個人的成長過程，能說瞭解這個人嗎？當然不行。何況你把它當成朋友，當成親信，它的背景能不交代一下嗎？總得花些功夫調查一下才能安心吧！

我們承接了過去《易經》所累積的末端，何其有幸，也何其不幸。有幸的是內容太豐富了！就像進了大賣場，品類雜陳，應有盡有，任君挑選。不幸的是我們根本不清楚這麼多品類雜陳的貨品該選什麼好？因為每件商品上面都標上了《易經》兩個字，而且買錯了又不能退，只能擱置一邊。我也是一樣，有些書買了沒看完，甚至翻都懶得翻。原因就在於大家對《易經》、《易》學完全沒有概念，當然也就不清楚其中的差別。

一之三

第一堂課，自我介紹學《易》的經驗，想要表達的是，在我學《易》的漫長過程中，有很多時間是在「剝洋蔥」，一層又一層的往內剝。剝的時候也不清楚，我到底想要什麼？漢《易》、唐《易》、宋《易》、明《易》、清《易》……覺得這些都不是我要的答案，不滿意。**第一堂課剝掉了外層，這些各朝各代所創新研發的《易》學。**

那麼第二堂呢？回到源頭《周易》，我們還得繼續剝下去，《周易》的「經」、「傳」，〈卦辭〉、〈爻辭〉、〈大、小象〉傳、〈上、下彖〉傳、〈文言〉傳、〈繫辭上、下〉傳、〈說卦〉傳、〈序卦〉傳、〈雜卦〉傳，一層層的往核心剝。

要剝到什麼程度，我才能滿意呢？要剝到（䷖）剝卦上九爻辭所說的：

上九，碩果不食，君子得輿，小人剝廬。

意思就是說：「上九，碩大的果食未被摘食，君子能驅車濟世，小人剝落家產」。我要剝到呈現出碩果來，《周易》真正的核心價值，那個便是《周易》最基礎的東西，也是我們課程要花時間學的東西。基礎穩固了，學員再各自往興趣的方向發展。

朋友笑我：「你是在剝自己的洋蔥吧！」

　　此言不虛，我知道「群經之首」的《易經》是個好東西，裡頭有太多內涵，十幾二十年的功夫，我剝的很辛苦！這個苦自己嘗就可以了。只要花兩堂課的時間來剝《易》學這顆「洋蔥」，其他時間用來教《易經》，教學員懂得演卦，懂得運用演卦的邏輯思維，讓學員發揮學習力、領悟力，並加以應用在不同的領域。讓學員學到真正的《易經》，而不是《易》學。教他們怎麼看懂《易經》這本經典，不需要浪費寶貴的生命在漫長的摸索過程了！

第二篇

二之一

　　第一次感受有經濟支持的專業能力，可以輕鬆的和陌生人交談開課事宜。可以睏了才爬上床睡覺，不必擔心隔天幾點起床。可以悠哉步行到附近郵局匯款給出版社訂書，然後再步行到書局，悠哉的看著別人的心血著作。悠哉的接起同學打來的電話，約定下週一晚上的聚會。悠哉的走回住所，不致於忍著飢餓把早午餐給省下來。雖然還有遠慮，至少沒有近憂。這樣的心情不是過去數著銅板度日，流著血汗做保全工作可以比擬。

　　走在路上，想起我曾經在課程中提到：

　　（- -）陰、（一）陽相對二元理論在思考與行動指導容易產生盲點，尤其對於現在（已知）與未來（未知）的思考方式，四象要比（- -）陰、（一）陽相對更為客觀周密。

　　人可以忍受現在眼下的一切，但恐懼未來、未知的確是普遍存在的心理反應，既然普遍就當視為正常情況，探索對未來的可能性；然而卻叫人活在當下，但活在當下真能讓人心安嗎？安適也就罷了，怎知活在當下的觀念不是隱藏著逃避的心態呢？若真的如此，《易經》占卜扮演積極性的角色出來了。在過去的經驗，有的對未知的預測與後來實際的結果是吻合的，中間若多了個占卜也只是一個過程，似乎沒其必要性，可有可

無。但也有的時候這個過程的重要性，卻高過於預測結果的價值。誰知道？畢竟價值如何在於個人的感覺吧！

二之二

網友貼文說：「今天《易經》老師上課的時候說『持盈保泰』……」

「沒問尊師要如何持盈保泰？」我的留言。

網友回覆說：「陰陽五行、三會、六合、六沖、六害、三合、三刑，該閃的就要閃，保平安。」

網友的回覆讓我覺得像子平命學，不像是在講《易經》。「持盈保泰」無非是「避凶趨吉」，其方法也不限於占卜還是命學了，於是我留言：「一命、二運、三風水、四積陰德、五讀書。」

另一位網友好心介紹某行銷公司的負責人，與我接洽在台北開課的可能性。對方想瞭解我的《易經》課程有何特色，像占卜可不可以卜國運、股市、大選。說真的，心裡很不是滋味。初次接洽，理應廣結善緣，畢竟這是個好機會，然而我還是不由自主回了對方：

演卦占卜是以通神明之德，以類萬物之情，是講利害關係的，沒有相等地位與問事有利害關係的人是不宜進行占卜。有些好事者，汲汲於名利，事不關己，沒有相等地位，卜國運、大選，試問有幾個能有好下場？術法是一回事，必須遵守的道德操守也不能忽略。

在古代即便以國師之尊，沒有君王的授命也不敢卜國運，會掉腦袋的！若有用兵、祭祀此等國之大事，授命之後必須在廟堂上的公開場合為之，以昭烔信，以示慎重，也可避免徇私舞弊。講具體一點，古之公侯將相，習《易經》、懂占卜的比比皆是，身繫國家安危的利害關係人，有疑慮的時候自行占卜，合情合理。現在不同了！雖然沒有過去威權統治的政治環境，但天理仍在，不該問的還是不要問，知道了也未必有好處。

二之三

有學員向朋友反映，課程聽不下去了！他們想要學占卜。朋友建議我明天就按《易卜家》的內容，先教快速取卦爻的方式，然後翻書知道占斷的結論便可，提升一下興趣。好是好，課程調整一下也簡單，不過有打書之嫌！再來我是擔心只學了點皮毛就幫人占卜，知其然不知其所以然，會踢到鐵板，會有後遺症。剛上了兩堂課就這麼不耐煩，不知道在急什麼？

其實我也曾經有過為人占卜、四處發功的想法，即便著作接二連三出版，還是屢屢遭受心智磨難，不斷的學習省思，最終讓我明白了一個道理，如果內在修為不足，懂術法，算得精，算得準，也未必能夠持盈保泰。這些學員沒興趣去瞭解的《易經》沿革，殊不知從典籍故事當中可以得到許多寶貴的訊息。

懂術法的人一定要有更高的精神指導才可以，所以才要靈修。所幸我行事作風向來低調保守，無形中發揮了自我保護的作用，在還沒建立正確的觀念，沒有良好的修為之前，必須特別小心謹慎為宜。因為問題的關鍵在於人，即便術法純熟的人，知道不等於做得到，命運有時是受到思想觀念、言行舉止影響，和術法沒有直接關係。我覺得有必要把這個經驗告訴學員，才算盡了老師的責任。何況把《易經》的認知定位在占卜上面，這樣的想法就不正確，要學的是《易經》的智慧，智慧從何而來？從演卦而來。這樣才不致辜負先聖先賢的一片苦心！

總之，有些領悟是在事情發生之後才會有的，事先根本不是任何術法可以求知的。

二之四

三國時名聲最大的占卜家管輅，卜筮無不驗，享壽卻不過五十歲：

管輅，字公明，平原郡人，時人把他與名相士朱建平並稱「朱」、「管」。

《稱謂雜記》：管先師。君平家（算命家）莫不祀「鬼」、「管」；鬼為鬼谷，管先師則魏管輅也。

正元二年管輅的弟弟管辰問：「大將軍（司馬昭）對你很好，有希望得到富貴嗎？」管輅說：「老天不給

我年壽，恐怕只能活到四十七、四十八歲之間，來不及看到兒女婚嫁。如果不是這樣，讓我做洛陽令，可以使路不拾遺，枹鼓不鳴。可惜我只能到太山去治鬼，不能治理活人。無可奈何。」那年的八月，管輅任少府丞，隔年二月過世，年四十八歲。

　　我常在想，管輅這般精通卜筮之道，難道不懂得避凶趨吉為自己延壽嗎？如果占卜是這樣的話，頂多也只是提早知道結果，好有個心裡準備，並沒有積極的意義和作為。

　　我對《易經》演卦的瞭解，實在領悟不出斷人生死的道理，也沒有具備料事如神的功力。在研究《易經》的過程，也曾有過羨慕《易》學先賢們的事蹟（文章所載是否真實，或是過度渲染另當別論），至今所得到的結果，《易經》演卦也好，占卜也罷，並非如文章所寫的神奇，當然這是我個人的狀況。因為某些事情的預測方式，更像是不願曝光的朋友，透過《易經》演卦在和我談論事情，這是互動的溝通方式，也可以說是指導我如何做好分析判斷，而不是結果樣樣一定是這樣，絕對是那樣，有些事情在某些條件下，我可以決定自己想怎樣。坦白說，剛開始有這樣的體悟頗為沮喪，但隨之瞭解愈深，反而更懂得「話到嘴邊留幾分」的道理。予奪生殺大權不是握在我的手上，那麼就表示這不是我能逾越的範圍，知道結果對我沒好處；不讓我瞭解太多，反而是在保護自己。即便神握有絕對的權力，有的時候，

祂是在觀察我們如何做決定的過程。誠如前面所講的，神的意志並非一成不變，神也有「神氣」，也是會有情緒，神的心思也是讓人捉摸不定的。

第三篇

三之一

　　為了提升興趣，讓每位學員親自動手練習取卦（裝卦）。我告訴學員，正式占卜時，要專心一致的請神護祐加持、默想要問的事情；而在練習的時候，為了尊重無形界的神，輕聲或心裡默念「這是練習」，免得神白跑一趟。因為學員初次接觸，並不熟悉卦爻符號，我則採取配數的方式來取卦。果然！占卜讓大家有了參與感，兩三位學員圍在一起練習，彼此討論。我一邊巡場一邊瞭解每位學員的練習情況。

　　「朱老師，占卜不就和玩碟仙一樣……」一位在大學任教的學員問道。

　　「是有類似的地方……」

　　「不一樣！」還沒來得及說明，有一位學員立即幫我回應：「碟仙請的是來路不明的靈界，易卜請的是先聖先賢……」

　　這位學員也是我的師兄，他的地理風水理論與實務十分紮實，卻沒有以此為職業，也是一位傳奇人物。

　　我回到講台上和學員分享經驗。基本上一旦啟動了取卦的動作，也就啟動了無形靈界，所以練習取卦要先說「這是練習」就是這個道理，以示對無形界的尊重，這是基本禮貌。古人更講究了！占卜前要沐浴更衣，設案焚香；而王公貴族，那規矩就更加繁瑣了。

這些有形的作為是次要的，關鍵在於我們的心意要如何與無形界溝通，這才是我們修練的重點。

當初完成《周易形勢學》之後，我想書已經寫出來了，知道《周易》演卦實際上是有一套理性思維過程，和所謂的神並無必然的關係，卻因此一度陷入無法解卦的窘境。後來才體會到，瞭解《周易》的內容是一回事，要把它當作學術來研究也是可以的，而占卜卻必須連結形而上的「道」，這個領域不是我們的智慧所能理解。這也是後來我要轉為靈修心性的原因，並不是要拉近與神之間的「距離」，而是想要透徹如何與神連結才是正確的態度？才能透過《周易》演卦的過程，以通神明之德？

接著又有學員發問：同樣一件事情可以重覆的問嗎？

我舉《周易・蒙卦卦辭》：

初筮告，再三瀆，瀆則不告。利貞。

意思是說接受教育的學子要像初次求筮一樣虔誠請問，我施以教誨，接二連三提出相同的問題態度不敬，不敬就不予施教。利於守持正固。

「這是態度問題。因為心態不正確，是可以不答覆所提的問題。不過有時候因為不解其意，我是會第二次問同樣的事情，但不會有第三次。通常第二次意思就已經夠明顯了。」

25

學員接著問：隔了一陣子再問同樣的事情可以嗎？

「可以的！形勢隨時都在轉變，一旦『觸機』，擱在心裡擺不下來就可以占卜。」

學員又問：「古人主張不忠不義的事情不能占卜，為什麼老師認為可以占卜？」

我的答覆是：形勢是分析厲害關係，若真是為非作歹的情事，占卜也足以告訴我們此事不可為。想要投機取巧是經不起占卜的檢驗；反而逃避占卜，甚至動念頭曲解占卜出來的意思，卻是常有的事。

三之二

上過如何取卦，課程直接進入《周易形勢學》導讀的部分。我說現在大家看六十四卦符號「霧煞煞」，經過我的講解，大家對六十四卦符號會有眼睛一亮的感覺。說到了演卦就是推理，對未知的事情必須要「假設」。「假設」的思維過程就是「如果……就會……所以……」，上、下卦是「我方」、「彼方」的對待關係。方才起了開端，又到了下課的時間。一位學員走到我面前，他說：「子不語怪力亂神，剛才您又說占卜是與神明溝通的方式……」我知道他聽出一點門道了，表情語氣透出意外，彷彿是說：原來《易經》真的不是只用來占卜！我笑著回答：「演卦推理的目的是要知其所以然，所以孔子才會為《周易》背書為「聖人之道」，如果只是用來占卜又何必如此呢？」

　　經過三堂課程的考驗，我明白了講課和寫書不同。現在要做的就是如何把書的內容修改一下，更適合上課之用。我覺得能用圖解比文字好，畢竟閱讀文字的負擔太重，現代人愈來愈有閱讀的障礙，影音已經取代文字，成為吸取知識的主流方式。必須順應這個形勢轉變，因為我是教《易經》的老師。

第四篇

四之一

有人問：「要如何學好《易經》？」

我說其實也不難，只要排除不必要的干擾。

又問：「把時間空下來學《易經》嗎？」

誤解意思了！我指的不是生活上的干擾，而是學習上的干擾。**如果說當初周文王沒有用干支、五行、六親、六獸……等等術法演卦，我們又何必多此一舉呢？如此一來我們學的就不是原來的《周易》，而是後來經過「加工」的產品。**我在開課之初便想把《易經》的發展過程交代清楚，主要就是釐清這個觀念。沒想到學員們對於歷史興趣缺缺，我之所以耿耿於懷是因為學員們不知道這花了我多少時間才摸清楚，才有這個能力告訴學員為何我是如此傳授《易經》。

我想這是神給我的訓練，讓我學習「守住」，只要「守住」就有能量。《老子道德經》：

多言數窮，不如守中。〈第五章〉

金玉滿堂，莫之能守；富貴而驕，自遺其咎。〈第九章〉

致虛極，守靜篤。〈第十六章〉

知其雄，守其雌，為天下谿。〈第二十八章〉

知其白，守其黑，為天下式。〈第二十八章〉

知其榮，守其辱，為天下谷。〈第二十八章〉

侯王若能守之，萬物將自賓。〈第二十八章〉

　　道常無為而無不為，侯王若能守之，萬物將自化。
〈第三十七章〉

　　既得其母，以知其子；既知其子，復守其母，沒身
不殆。〈第五十二章〉

　　見小曰明，守柔曰強。〈第五十二章〉

　　夫慈，以戰則勝，以守則固。〈第六十七章〉

四之二

　　在「Facebook」認識的網友，原本打算租借場地開
《易經》課程，當他和該區圖書館接洽時，館長說《易
經》是教算命的，課程性質恐怕不符合圖書館的宗旨。
館長的認知我並不感到意外，就像先前曾經貼文提到：

　　我好像有個使命，想要擺脫《易經》就是用之占卜
的刻板印象。

　　網友也看到了，因此會心一笑。

　　「《易經》是國學耶……」我很不服氣。

　　不懂的人可以這麼認為，既然有人已經來學《易
經》了，我應該讓學員知道《易經》除了用來占卜，還
有它真正博大精深的地方。今晚的課程我們就從「六爻
演卦基本認識」講起……

第五篇

五之一

上一節講「六爻演卦基本認識」提到「位」（象徵空間概念），即上、下卦（象徵相對的兩大集團），還有天位、地位、人位的「三才」。「位」是固定不變、靜止不動的；而分布在六爻位上面的（- -）陰、（一）陽爻（象徵時間的變化與人事物的變遷）是跨領域的、變化的、活動的。（- -）陰、（一）陽爻的基本性情，還有「得中」、「得正（當位）」、「不正（不當位）」、「相應」、「不相應」、「親比」、「不親比」、「依附」、「不依附」，以及「前往」、「退來」、「前來」這些基本觀念之後，相信對於演卦已經有了一些認識，對待六十四卦符號也不再像過去那樣模糊一片。我們在往後的課程進入演卦、解卦的時候，就是把這些道理綜合發揮出來，如此而已。能夠把人事變遷的道理在六爻卦之間表現出來，這就是何以有人把《易經》稱為「範圍學」的道理所在。「範圍學」的意思就是把天地之間這麼大的範圍內，所發生的種種變化濃縮在六爻卦裡表現出來，這樣就是發揮了《易經》的「簡易」功能。這些抽象的觀念，也必須講到這個進度，讓大家知道一些演卦的基本功，才能意會出什麼是「範圍學」、「簡易」的功能。學《易經》和其他技能一樣，必須按部就班，循序漸進，時機到了它就通了，一點也急不來。

 **五之二**

　　一位女士在休息時間表示：她從上一堂課開始聽，到現在還是聽不懂我在說什麼。很早她就有興趣想學，聽別人說《易經》很難，現在已經是五個孫子的阿嬤，不知道坐在這裡幹什麼？

　　我笑著說：「現在聽不懂是正常的，聽的懂我反而覺得奇怪。」我勸她不要急，把《易經》當成朋友對待，接觸的時間愈久，就會愈來愈瞭解它。

　　學了大半輩子的《易經》，卻還搞不清楚演卦道理的大有人在，正是因為沒有搞清楚這些基本觀念，甚至在基本觀念就出了岔。搞不通，只好東拉西扯另外搞一堆東西進來，形成了《易經》的外掛，根本沒辦法進入《易經》的精髓。

　　這位女士一臉愁容，盯著擱在桌面的《周易形勢學》說：「這本書這麼厚要怎麼看哪？」

　　這倒是提醒了我，當初在編寫《易經》發展歷史的時候，曾經想過這個問題，只是一時答不上來。下課後回到了住所，把前面寫的教材重新審視一番。

　　「哦！原來如此。」先前上課用的教材「《周易》的結構」沒有特別強調出來，必須在下一堂課加以補充說明。**就是在學習的過程中，最好能把《周易》「拆開來」看。並不是要學員把《周易》這本書撕開來，而是在觀念上要把理論與實作分開來。至於兩者的主從關係是以「實作為主，理論為輔」。**以實作為主，理論的部

分可以和實作相應，能理解的則取之；不能和實作相應，又無法理解的看看就好。

我把《周易》「拆開來」的區分如下：

實作為主（演卦）：六十四卦爻符號、爻辭、爻（小）象傳。

理論為輔：包含卦辭，以及其餘諸傳。

理論的部分，去瞭解內容所闡述的道理就可以了；實作的部分，必須實際進行演卦操作。就像一般自然學科有分為理論與實驗，然而在理論說的通的，未必實驗做的出來，反之亦然。我相信實際從事自然科學研究的人，這種情況司空見慣，不足為奇。當初《周易》的設計概念，就是把理論與實作的精神同時帶進來，先有了演卦的實作，再由後人的習《易》心得，寫成諸傳來補強理論這一部分。理論在熟練演卦之後就懂了，而演卦必須用到的理論我在課堂上也會提到，因此我認為理論與實作是可以分開來處理。

區分的標準和方法定出來了，作風雖然保守了些，但比較安全省時。這並不表示理論不重要，正好相反，就是因為理論太重要了，現在講不通的，以後可能講得通，現在沒道理的，未來可能言之成理。但是理論不是人人玩得起，相對要付出的代價太大了！最後的結果也未必能夠發揮實際效益。每個人的時間都很寶貴，還是務實點好。先從演卦學起，可以兼收理論、實務、節省時間等三項優點，避免太多時間浪費在質疑困惑上面。

五之三

另一位學員提到占卜問事，他起了一卦，可不可以同時問健康與事業？

我的回答：「占卜以一卦問一件事為原則，健康與事業性質不同，必須分開來。」如果問題不是這麼明確，也可以問運勢此類整體面的問題，只是會得到比較概括性的答案，占卜結果仍要透過當事人省思來對應實際狀況。**占卜就是這樣，端視提問的事情能夠愈具體，結果也會愈具體；提問的事情模糊，結果也就模糊。**

想好下一堂課提問兩個問題，測試一下學員的學習狀況：

第一，六爻卦（--）陰、（—）陽爻的「得正（當位）」、「不正（不當位）」根據什麼判斷的？

這個提問是依照我上課解說的方式反問，比較有深度與層次。是根據「陽爻居陽位，陰爻居陰位；陽爻居陰位，陰爻居陽位」得來的。**陰陽之位又是根據「三才」的天地人位而定的。**

第二，六爻卦（--）陰、（—）陽爻的「得中」、「得正」兩者比較那種好？為什麼？

這個提問不難回答，上課有聽就會知道。因為六爻卦（--）陰、（—）陽爻「得中」要比「得正」的機率低，「得中」比較難得；雖然（--）陰、（—）陽爻只要佔到二、五爻位就是「得中」，不像每個爻位必須考量「正不正」的問題，就算扣掉「不正」的總數，整體

來說，「得正」的機率還是比「得中」高，當然是「得中」比較好。

🪙 五之四

　　學員提的問題開始多了，這是個好現象，至少有吸收一些才會有問題產生。演卦的基本功內容還是比較枯燥，不過從學員上課的反應，我知道悟性比較高的學員，由登堂準備要入室了。雖然徹夜定稿的教材，透過投影打在白幕上清晰明瞭，畢竟寫書和講課真的差很多！就以「六爻演卦基本認識」來說吧，我特別強調「位」的觀念。**「上下卦」、「三才」位、「六爻」位這些隱藏在卦爻符號裡頭「位」的觀念，是演卦綜合判斷相當重要之一環，不懂「位」的道理，卦就演不下去了。**當初在寫書的時候，盡可能把這部分整理出來，費了很多心思去寫，現在看起來不是很滿意，又根據當初寫的內容重新編排改寫，成為上課的教材。當上課的時候，又發覺不能完全跟著教材走，必須轉換文字裡的意思，而不是轉述文字，用口語的方式講的更具體、更細膩。原因就在於文字的邏輯是用眼睛在「看」，而聽講的邏輯是用嘴巴在「講」，耳朵在「聽」，傳遞與接收的方式大不相同。書寫的再詳實仍有「書不盡言，言不盡意」的遺憾。口語比文字表達更直接、迅速，但這方面我是不足的，必須加強的地方。

　　課程即將進入《周易》的主題，六十四卦的演卦方

式。是要依照「序卦」逐卦解析，還是調整一下順序。思考後決定先講（☰）乾卦、（☷）坤卦，因為是《周易》為首的兩個卦，而且全陽全陰，具有代表性，也很特殊。

　　接著講（☷）復卦、（☷）師卦、（☷）謙卦、（☷）豫卦、（☷）比卦、（☷）剝卦等，這六個卦的共同特色是五陰一陽，可以表現出很重要的演卦觀念，如果少了這個觀念，《周易》演卦就玩不下去囉！我曾經被這個問題困惑了很長的時間。

第六篇

🉑 六之一

　　今晚晴雨不定，然而上課出席的狀況相當踴躍。為了答謝學員們熱情參與，不得不使出渾身解數，盡快把「六爻演卦的基本認識」簡要的複習一遍，再就如何判讀（--）陰、（一）陽爻的實力強弱、所在位置的情況、整體形勢的表現方式加以講解之後，接下來就是《周易形勢學》的重頭戲，開始逐一講解六十四卦的演卦方式。起先大家對於「六爻演卦的基本認識」還是一知半解，既然已經講到演卦這個部分，在課程結束前，就以我個人的私事，昨天進行的占卜為例，請學員們就上課內容所能理解的部分來演卦，主要是想要讓學員應用發揮，驗證所學，刺激一下學習的情緒。把具體的人事問題投入抽象的符號，必須將問題轉換符號背後所隱藏的多重意涵，透過思考加以分析、綜整。大家嘗試的結果當然是優劣互見，但這只是個開頭，重點不在解卦的優劣，在於提升學習的樂趣，效果達到了！

　　最後我告訴學員，用來解卦的方式剛才都講過了，並沒有超出「六爻演卦的基本認識」範圍之外，實際案例可以驗證，我講的都用的到，用不到的我不會故意拖延時間，也不會留一手（我所要講的內容已經是濃縮再濃縮，精簡再精簡，若要留一手就沒了）。原本演卦重點就擺在實際操作應用，講《周易》不講這個，還能講什麼？講了一堆《周易》外掛的東西，回過頭來《周易》的內容還是不懂。

我看見有人點著頭，有人臉上表情已經展現出信心，原本對《周易》的難，質疑學習之路遙遙無期的陰霾，今天得以撥雲見日，透出一線曙光。彷彿是在告訴我：「原來《周易》並不難懂」、「原來我也懂得《周易》寫些什麼」。

我彷彿贏得了尊重，全來自學員的反應，以及對自己所學的信心。第五堂課，試問一下有人上了五堂課就懂得如何演卦嗎？我滿懷信心的告訴大家，以後的課程就是不斷的、反覆的練習這些基本觀念，加深印象，直到熟練為止。會增加新的內容也是我指導一些實際案例，以及演卦通則；接下來的就看學員的聯想力、反應力，以及應用能力。

六之二

學員當中最年輕的年僅十七歲，跟著爸爸一同上課，我問他聽的懂嗎？他總是羞澀的點點頭。很想請他講一下感想，也許可以請他把學習心得寫下來，因為我很好奇，如果少不更事的青少年可以聽下去，那麼久經人事的成年人沒有理由說聽不懂。一般認為學《易經》要有些人生閱歷，所以年齡層不會太低，基本上我也抱持這樣的想法，因為《易經》給人的整體觀感是難以親近，談的盡是人生大道理，非常嚴肅，令人生畏（厭），敬而遠之。記得在《周易形勢學》剛出版的時候，曾經上網查了一下國內大學、科技大學校址，寄

發了一百多封自薦函，介紹自家寫的書，有社團的寄到社團，沒社團的寄到圖書館、推廣教育，結果都是「槓龜」，沒有一封回函。一百多所學校當中少數有「易學社」，更多的是紫微斗數、西洋占星術的社團，據我粗略瞭解，縱使社團掛起「易學社」的招牌，所教所學的也不是《易經》，所以我只好感嘆的說《易經》有「三不好」，不好教、不好學、不好用。成年人都學到白髮皓首，何況是這些年紀輕輕的小朋友，想到要學到何年何月何日才能出頭天，嚇也嚇跑了（我想大概是被孔子「五十以學易」這句話給嚇到了）！我幾乎要放棄年輕人，認為這不是一塊適合學習《易經》的族群，然而在課堂之中出現這樣的年輕人，與其說是樣板，不如說又燃起對這塊族群的信心。

⬡ 六之三

一位學員問道：「應不應」當作何解？

初與四爻、二與五爻、三與上爻是「應不應」的關係，異性相應，同性不應，但是對於「應不應」的解釋，在過去所接觸的典籍，一直沒有合理的說法。但以爻與爻之間的「近比遠應」觀點，在基礎教材「六爻演卦的基本認識」裡我寫了簡短的話：「『近比』著重實際層面（務實），『遠應』著重精神層面（理想）」。應，或許可以用「感應」來解釋。理想是什麼？沖天之志，不受現實環境的約束。可以感應的到，但並不表示

能夠在生活面產生實際作用；也可以這麼解釋，感應的造化之功，也許大到人們幾乎忘了祂的存在。有人屈就於現實而放棄了理想，有人為了理想忍受現實的考驗；「理想」是曇花一現，還是刻骨銘心的長期磨練，放在每個人心中的天平或有輕重，但不可否認的都曾經在我們人生當中擁有過。也許有人比較幸運，現實的腳步一直朝向理想靠近；然而放棄了理想就是不幸嗎？這倒也不是，因為理想的好我們想到，可能伴隨而來的災厄，把不好的東西帶來，只是我們未曾在意，所以放棄了理想，並不等於放棄追求幸福人生的權利。管理學經常引用「態度決定高度」這句話，這是理想；反向思考「高度決定態度」也一樣有道理。《周易》的奧妙之處並不是要我們肯定那一方，否定那一方，而是要我們找到平衡點，這個平衡點可以讓我們在心靈與物質，理想與現實的對立、矛盾、衝突中，找出化解的方法，達到安身立命的目的。

🈸 六之四

另一位學員問道：「**占卜的時候可以把「三多凶，四多懼；二多譽，五多功」當成判斷的原則嗎？**」

可以的！這是先賢經過演卦所歸納出來的寶貴結論，強調了「位」的特性，可以當成判斷的原則。就好比有人條件未必優越，但是他佔的「位置」有利；有人條件優越，卻處在不利的「位置」。有利的「位置」可

以讓人利多於弊；不利的「位置」，曝露的是缺點而非優點，也許優點也變成了被人利用的弱點。但是「多」並非絕對，尤其「三多凶，四多懼；二多譽，五多功」是綜合判斷的條件之一，若要深入解析，（--）陰、（─）陽爻的基本性情，整體形勢環境所產生的效應，都是非常重要的判斷依據。如果偏持某一觀點，這樣解卦的功力只會停滯，難以進步。

「二多譽，五多功」，二與五爻位，分居下、上卦的中位，都是理想的「位置」，故名「得中」。譽，精神層面多於實質層面；功，可以說精神與實質兼得，何以如此？「位置」高低有所不同。「三多凶，四多懼」，三與四爻位，分居下卦的最上爻位，以及上卦的最下爻位，也就是橫跨在兩卦之間的「人位」。**凶，未知的危險；懼，已知的茫然，這都顯示在兩卦之間那條無形的界線所造成。**從下卦跨越到上卦就是另一種未知的局面，然而「凶」、「懼」往往就在居位不當造成心情波動、行為妄動，以及客觀形勢的劇烈變動所致。

六之五

另一位學員問道：我剛才所舉例的（☲）革卦六二、九五爻都具有變動的條件。有何異同之處？

這也是「位置」高低產生變動的意義有所不同。**九五藉九四、九三之力而來，九五為尊，所以「前來」有驅使的意思。六二藉由九三、九四之力而往，六二**

為卑，所以「前往」有仰賴的意思。尤其六二為（- -）陰爻，性情就是依附（—）陽爻，所以必須藉助九三、九四之力才有達成變動的可能性。

🪙 六之六

（☰）乾卦。從初九到上九的「爻辭」表達了「位」的觀念。在帝制時期也以「六爻位」的概念象徵人類社會階級地位：

上九，亢龍，有悔。（太上皇、社稷、宗廟、天神）

九五，飛龍在天，利見大人。（帝王）

九四，或躍在淵，无咎。（諸侯）

九三，君子終日乾乾，夕惕若，屬无咎。（三公）

九二，見龍在田，利見大人。（卿大夫）

初九，潛龍，勿用。（士、庶民）

龍，我的解讀就是「能」。「龍」與「能」字型相似，我認為「龍」是遠古人類對於自然現象「雷電」的崇拜。閃電的形態變化莫測，來無影去無蹤，就像見首不見尾的「龍」。「隆」打雷發出巨大聲響，「龍」、「隆」、「能」的發音相似。雷電帶來風雨，打在林木帶來火，氣勢雄偉、聲勢浩大，又具有無以倫比的力量，可以摧毀萬物，奪取生命，也賜予萬物生機的元

素。雷電所產生的種種大能，足以震懾遠古人類的心靈深處，激發出豐富的想像力。

大氣循環理論科學證實了雷電的產生源自於地面水氣蒸發，而乾卦初九至上九的爻辭正好說明了這個現象，足見遠古人類的高智慧。所以在《周易》裡頭以「龍」來象徵（－）陽爻具備變化無窮的能量。

或者我們可以用「飛機」來比喻「龍」：

上九，亢龍，有悔。（飛機偏離理想的高度有危險）

九五，飛龍在天，利見大人。（飛機達到理想的高度發揮最大的效能）

九四，或躍在淵，无咎。（飛機繼續爬升尚未達到理想的高度）

九三，君子終日乾乾，夕惕若，屬无咎。（飛機脫離跑道爬升中）

九二，見龍在田，利見大人。（飛機出現在跑道待命起飛）

初九，潛龍，勿用。（飛機停在機棚保修）

飛行器的條件不一，都有不同的理想高度。一般飛行器的「天」飛不出大氣層；太空梭的「天」就可以飛出大氣層；太空探測船的「天」可以穿梭太陽系的行星；「UFO（幽浮、飛碟、不明飛行物體）」的「天」可以穿梭星系。人的感應更可以超越任何物質與時空的

限制。

範圍不必講的那麼不著邊際，日常事物都有「天」的概念。人的「天」在頭部，樹木的「天」在樹稍，桌子的「天」在桌面，床的「天」在床面等等。我的同學彭素蓉說：「天」就是顛，頂端的意思，也是很適當的解釋。

（☰）乾為天，在「爻辭」卻也表達了「地」的概念，如九二的「見龍在田」。「田」就是位在地表之上。日常事物都有「地」的概念。人的「地」在腳趾，樹木的「地」在樹根，桌子的「地」在桌腳，床的「地」在床腳等等。

所以《周易》的「爻辭」善用這樣事物來表達「位」的概念。

六之七

（☷）坤為地。地與天相對應，沒有地的存在就不會有天的概念，反之亦然。

「地」的概念也是一樣，我們站在什麼地方就是我們的「地」。我們在地球，地球就是我們的「地」，換了不同的星球，那個星球就是我們的「地」。

從坤卦的卦辭可以得到陰爻的屬性：

坤：元，亨，利牝馬之貞。君子有攸往，先迷，後得主利。西南得朋，東北喪朋。安貞吉。

北宋呂蒙正所寫的《破窯賦》當中有這麼一句話：

馬有千里之程，無人不能自往……

意思就是**必須有（─）陽爻的引動，（--）陰爻才能具有變動的基本條件**。坤卦卦辭當中的「君子」指的是（─）陽爻，陽爻具有變動的能量，陰爻跟隨其後而動，所以「後得主利」；換言之，陰爻任意亂動，沒有陽爻的引導，因此迷亂，容易出事，所以「先迷」。就像《破窯賦》提到的馬（**《周易》亦以馬來比喻陰爻**）雖然善於奔跑，但沒有人來引導方向，不可能到達目的地。這就是《易》理，演卦的基本原則。我們從坤卦初六「爻辭」：「履霜，堅冰至。」就可以得到答案。六十四卦當中只有坤卦六爻全陰，沒有陽爻，也就是說這個時序過程當中沒有任何可以產生改變的動能，順著這個時序走下去，踩在結霜的地面，就可以預知酷寒的冬季不久就會到來。怎麼知道？這是大自然道理，年年如此。坤卦就是順著這樣的形勢在進行發展，沒有陽爻足以左右陰爻的動向，直到走完這個時序，才會有另外一個新的局面。在全無陽爻影響的坤卦爻辭可以看出，它是在穩定的狀態下開展的：

上六，龍戰于野，其血玄黃。
六五，黃裳，元吉。

六四，括囊，无咎无譽。

六三，含章可貞；或從王事，无成有終。

六二，直、方、大，不習无不利。

初六，履霜，堅冰至。

坤卦全無動能，整體形勢呈現的是一片遲滯狀態，坤卦不好講，別說聽課的學員不帶勁，連我講的也不帶勁。說著說著就來到了六五爻辭「黃裳，元吉。」六五居中內隱，就像穿在內層的衣服，不顯外露，故「裳」。內襯的衣裙誰會翻出來外露？想著想著，突然想到了老同學常傳祿在「Facebook」的貼文：

「驕傲」就像內褲，除非你是超人，請不要隨便外露。

這樣的比喻真是太棒了！受到外在環境而不能有所發揮的時候，有本事的內隱，沒本事的藏拙，不過這個位置好，個人還是可以維持不錯的現況。

「陽放陰縮」也是（--）陰、（—）陽爻基本性情的整體概念，在講坤卦的時候突然想到，可以補充加入基本教材裡。

🔖 六之八

正因為乾、坤二卦的特殊性，《周易》特別在兩卦

的爻辭之後，分別介紹「用九」、「用六」，這是別卦所沒有的。從（--）陰、（─）陽兩儀分化成為六十四卦，只有乾、坤二卦還保有原來的面貌；換言之，若把六十四卦還原成（--）陰、（─）陽兩儀，也只有乾、坤二卦辦的到，別卦都沒辦法。因為兩儀的概念就是天、地嘛，演變成乾、坤二卦還是天、地，萬事萬物為天、地所變，也就是說別卦都是乾、坤二卦的（--）陰、（─）陽交錯變化而來，乾、坤二卦具有生成萬物，產生變化的基本原理在裡頭，「用九」、「用六」就是這個基本原理，六十四卦的三百八十四爻都是根據這個基本原理在運作。想要瞭解這個基本原理，必須回頭講天地生成之數。《周易‧繫辭上九章》：

天一，地二；天三，地四；天五，地六；天七，地八；天九，地十。天數五，地數五，五位相得而各有合。天數二十有五，地數三十，凡天地之數五十有五。此所以成變化而行鬼神也。

天（陽、奇）數：一、三、五、七、九。
地（陰、偶）數：二、四、六、八、十。
配上「河圖」的生成之數：

天一生之，地六成之。
地二生之，天七成之。
天三生之，地八成之。

地四生之，天九成之。

天五生之，地十成之。

　　「生數」是代表萬物還沒形成現象之前，那是人類智慧無法達到的領域，所以一、二、三、四、五的「生數」，對我們而言是未知數。「十」，是二進位的起始，代表另外不同的時空、境界，也是人類智慧無法達到的領域，對我們而言也是未知數。除去之後就剩下九、七、八、六的成數，這是代表萬物形成現象之後，人類智慧可以達到的領域。**再根據陽順陰逆、陽放陰縮的理論，陽爻可變的極數「用九」，陽爻穩定的數是七；陰爻可變的極數「用六」，陰爻穩定的數是八。**

　　何況天數相加為二十五，地數相加為三十，天地之數的總合為五十五。這個數所代表的意義更是難以形容。所以《周易》演卦如何高超，人類智慧如何高明，也只是用到九、七、八、六這四個數。面對佔了絕大部分的未知數，人類的智慧就顯得太渺小了！所以我們要謙卑，這是修養，也是本分。

　　我們常以為古人迷信，那是文明進步的成果，過去不可知的現在知了，過去不可解的現在解了。隨著科技進步，人類的視野更為廣闊，也才發現有更多我們不可知、不可解的事物。如果古人是透過以上的準則來對待不可知、不可解的世界，那我們是誤解了古人的迷信，他們虔誠的信念，謙卑的態度是有道理的。

　　能說《易經》只是用來算命的嗎？我在《易經》學

到的比這個多更多。

⊚ 六之九

　　乾為天，「天」展現的是「時間」的變化觀念，而在乾卦爻辭卻也表現了「位」的空間觀念；坤為地，「地」展現的是「空間」的變化觀念，而在坤卦爻辭卻也表現了「時」的時間觀念。天地如此，萬事萬物如此。乾、坤二卦演卦的道理如此，別卦的演卦道理亦如此。雖然道理看似簡單，其中卻深藏著變化莫測的內涵，也只有在推演的同時才會實際感受到。

　　推演了乾、坤二卦之後，學員就可以自行參閱「文言」傳，這是專講乾、坤二卦的篇章。其實認真講起來，光是乾、坤二卦可以講的東西太多了！但時間拖長了，要擔心的是學員不是睡翻了，就是跑光了！

第七篇

七之一

《周易》之難首推六十四卦符號，其次就是「爻辭」了。偏偏演卦正確與否必須由爻辭來驗證，所以懂得爻辭所表達的語言和邏輯就顯得格外重要了。以下僅就個人認知，簡要說明一下爻辭的特色：

第一，爻辭保有卜辭的原貌，也就是卜辭的內容只講厲害關係，不提仁義道德。爻辭藉由人事物的現象來表達吉凶悔吝，沒有任何說教的成分。仁義道德就是意識形態，就有針對性，站在純然客觀立場的爻辭，不該也不會有這樣的表現方式。

第二，文字簡潔，一字多義，語意複雜，沒見過的文字搞不懂意思，常見的也不一定是我們現在用來表達的意思；聽說讀寫和現代人的語言文字習慣差太多了，整體感覺就是生疏、冷僻、難以親近。若要清楚爻辭的內容，也是個不輕鬆的負擔。

第三，爻辭的內容有直接肯定的答案，常用於制止、讚譽；也有間接不肯定的答案，常用於警告、敘事（講故事）。爻辭有的簡短明確，有的模稜兩可又彼此矛盾，用簡單幾個字包含這麼複雜的意思，若要正確解讀的困難程度可想而知。然而光是瞭解爻辭的文意還不夠，因為某個爻辭講的內容又不完全針對該爻，必須與別爻作全面性的聯結，才能破解爻辭表達的意思。所以第一步就是能夠掌握爻辭語法的特性，這樣對於演卦與解卦才會有重大的突破。

總而言之，障礙重重的爻辭是《周易》的主體，最具挑戰性，演卦必經之路，必須交待清楚，而學《易》之人往往就栽在爻辭這上面，因為沒有建立正確完整的基本認識，演卦似乎是遙不可及的空談罷了！

七之二

在上地理風水課程的時候，有位先生同時也是《周易》課程的學員，問我要買《周易形勢學》，上次不是買過了嗎？這位先生說他把書拿給朋友看過，是朋友要買的。我順便問了他現在課講的方式還可以吧？他說內容愈聽愈有興趣，不像講基礎課程的時候想打瞌睡。喔！六爻演卦變化多，學理有實例可供佐證，聽得懂，感興趣應該是意料中的事。或許他們還不能體會到基礎課程內容的好處，高深的學問都在裡頭，連我自己都在學習中，一輩子都在學習中。

七之三

為了精進講學內容，重新標示《周易形勢學》的重點，並且增加了一些新的體認，這又是耗費精神與時間的工作。期間發覺幾處演卦方式頗有疑義，甚是不安，想要重新解析，又恐反正為謬，左右為難之際，占卜一卦得（☷）地水師：「六四，師左次，无咎。」六四順著六三與九二比附、九二與初六比附之勢退來。六四陰

爻陰位，雖無主張，卻是得正之位，說明我的思慮是對的。六四順著九二的引導退來，嗯！是該進行修正的工作。

　　發覺書中有些內容竟然沒有任何印象，不曉得是記性不可靠，還是當初在寫作的時候神來之筆？這本關於《易經》厚厚的書本，讀起來已經相當吃力，我是怎麼把它寫出來的？當時憑藉的又是什麼力量？覺得不可思議，即使現在的我也沒把握能夠做到。我很清楚，那股不可思議的爆發能量已經消逝無蹤，今後也不可能再有類似《周易形勢學》這樣的著作。如果透過這次的重新檢視，能在燃燒過的餘燼裡撥出一些星火來，這樣也就心滿意足了！

第八篇

八之一

　　講完乾、坤二卦，對於接下來要講的課程煞費心思。《周易》六十四卦排序，在「序卦」傳就有說明卦序排列的道理。如果按照「序卦」傳的順序講課，對於初學演卦的人來說，並非理想的順序，應該還有更有效率的學習方法。經過一番思索，我認為以「十二辟卦」，區分（－－）陰、（－）陽爻多寡的模式，作為講演的順序，或許這樣比較好一些。

　　所謂「十二辟卦」就是運用十二個卦的（－－）陰、（－）陽爻彼此消長（進退）的道理，象徵一年當中的二十四節氣、十二月份的季節變化。如下圖所示：

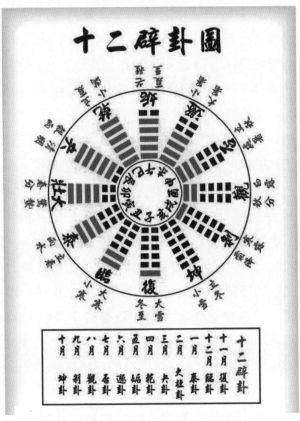

從二十四節氣季節的循環可以看出：

陽氣復甦在大雪、冬至（十一月），故以一元復始的（☷☳）復卦象徵「陽火之始」。

陽氣持續發展到了立夏、小滿（四月）已至終極，開始由盛而衰，故以全陽的（☰）乾卦象徵「陽火之終」。

接著就是芒種、夏至（五月），以初陰遇五陽的

（☰）姤卦象徵「陰符之始」。陰氣持續收縮到了立冬、小雪（十月）已至終極，故以全陰的（☷）坤卦象徵「陰符之終」。接著又是象徵「陽火之始」的復卦，春夏秋冬季節的循環更替，就用這十二卦（- -）陰、（－）陽爻的消長表現之。

所以古人相當重視「冬至」這個節日，認為一年就此正式結束，這個觀念傳到現在還有吃了冬至湯圓就長了一歲的習俗，道理就是從這裡來的。然而在隆冬當中，甚至冰天雪地的環境裡，一元復始的陽氣訊息如此微弱，很難感覺出來。就好像一個大病初癒的人，剛剛恢復一點元氣，就叫他跑叫他跳，那來這麼多體力，總得有調理的時間養氣養力。「一元復始」也是一樣，不可能馬上「萬象更新」，必須隨著時序進展，陽氣漸長，訊息增強，才能逐漸感受到復甦的跡象。陰陽之氣彼此消長，消息往來，一年四季的更換莫不如此，所以又稱之為「十二消息卦」。

季節變換如此，萬事萬物的變換也是如此。陰中有陽，陽中有陰；天地之數的「生數」，初生的訊息都是微弱的，變化的跡象難以察覺。一旦有所覺知，往往因為跡象顯現出來了，而這時的變化早已從未知的「生數」，漸進成為已知的「成數」。這個道理，放在自然現象、生命變化，放在科學、哲學都是說的通的。

「十二辟卦」當中的（- -）陰、（－）陽爻表現如下：

六爻全陽（☰）乾卦。

六爻全陰（☷）坤卦。

五陰一陽（䷗）復卦、（䷖）剝卦二卦。

五陽一陰（䷫）姤卦、（䷪）夬卦二卦。

四陰二陽（䷒）臨卦、（䷓）觀卦二卦。

四陽二陰（䷡）大壯、（䷠）遯卦二卦。

三陰三陽（䷊）泰卦、（䷋）否卦二卦。

八之二

　　乾、坤二卦在之前的課程已經講過了，接下來就是按照（--）陰、（一）陽爻多寡的順序來演卦。在《周易》六十四卦當中：

　　五陰一陽有（䷗）復卦、（䷆）師卦、（䷇）謙卦、（䷏）豫卦、（䷇）比卦、（䷖）剝卦等六個卦。

　　五陽一陰有（䷫）姤卦、（䷌）同人、（䷉）履卦、（䷈）小畜、（䷍）大有、（䷪）夬卦等六個卦。

　　四陰二陽有（䷒）臨卦、（䷗）明夷、（䷭）升卦、（䷲）震卦、（䷧）解卦、（䷽）小過、（䷂）屯卦、（䷜）坎卦、（䷦）蹇卦、（䷰）革卦、（䷚）頤卦、（䷃）蒙卦、（䷠）艮卦、（䷢）晉卦、（䷓）觀卦等十五個卦。

　　四陽二陰有（䷡）大壯、（䷹）兌卦、（䷰）革

卦、（☱）大過、（☵）需卦、（☶）大畜、（☲）暌
卦、（☲）離卦、（☲）鼎卦、（☲）中孚、（☲）家
人、（☴）巽卦、（☳）无妄、（☵）訟卦、（☶）遯卦
等十五個卦。

三陰三陽有（☷）泰卦、（☱）歸妹、（☳）豐
卦、（☴）恆卦、（☵）節卦、（☲）既濟、（☵）井
卦、（☱）隨卦、（☵）困卦、（☱）咸卦、（☲）噬
嗑、（☵）未濟、（☲）旅卦、（☶）損卦、（☲）賁
卦、（☶）蠱卦、（☴）益卦、（☴）渙卦、（☶）漸
卦、（☰）否卦等二十個卦。

🔖 八之三

　　今天和學員聊到財長請辭的原因不是新聞所說的
「理念無法認同」這麼單純。既然是所謂的內幕消息，
或是小道消息，私底下聊聊可以，不便公開說出來。學
員說我教的《周易形勢學》可以用來股市分析，以及
提供操作參考，並且當場占卜一卦，接著教我看股盤
走勢。我的感覺是分析結果未必能充分反應股市實際情
況，不過在個人的股票投資操作方面倒是可以提供參
考。我對股市基本上是生疏的，但在完成《周易形勢
學》之初，已經隱約意識到，只是不想強調這方面的功
能性，因為過於用商業行為來包裝學術，會有意想不到
的後遺症。學員要做這方面的結合我無權過問，但仍提
醒一個觀念，《易經》演卦占卜是多了一個參考，不是

唯一的參考，有正確的觀念才能正確的使用知識。

八之四

上課講解（☷☷）復卦的時候，我透露了爻辭當中一個關鍵字「復」。因為這個「復」字不只是在復卦爻辭出現，也頻頻出現在別卦的爻辭中。當看見這個字應有「動不吉」的觀念。復，就是回復、恢復的意思；換言之，這時候該做的就是自我充實。這對於欠缺實力的陰爻而言，自我充實理所當然，自不在話下；而對於實力剛健，躍躍欲試的陽爻來說尤為難忍，要他自我充實待機而起，這個等待無疑是在心頭上插上一把刀！但往往由於所在的位置不當，可能造成的形勢誤判，以致作為錯誤，要面臨的後果可說更為嚴苛。這個「復」字，對陽爻與陰爻都是一體適用的，守住了，因此改變了往後的人生。或許正因如此，經常出現在爻辭裡。「復」時之義大矣！

星期天在電視頻道觀賞「企業風暴」這部電影，三位中高階主管先後遭到公司裁員資遣，三位年齡、家世背景、經濟條件各不相同的男士，在面對突如其來的失業，認知、際遇、處理方式也有所不同，有的心態好不容易調整過來，有的始終調整不過來；有人獲得家人與宗教的支持；有的得不到家人支持，走向酒吧買醉；有的回復了創業的理想，儘管已經年過花甲。有人等到了轉變的契機，而有人卻在轉變當中走下人生的舞台。戲

是落幕了，但是戲外廣大人生還在進行中。我想：有時有作為未必是對的，有時不作為未必是錯的。如同《周易‧繫辭下八章》所說的：

《易》之為書也，不可遠。為道也屢遷，變動不居，周流六虛，上下无常，剛柔相易，不可為典要，唯變所適。

「唯變所適」，人生之奧義！

八之五

（☷）師卦上六爻辭：「大君有命，開國承家，小人勿用」。「開國」者，位在天位的六五（君王）、上六（太上皇、宗廟）；「承家」者，四至初位的各爻。六四為諸侯，雖然開國有功，但畢竟這個「國」是君王的，而六四是論功行賞受封的對象。「承家」，縱使位極人臣也該懂得功成身退的道理，否則連家也承不起囉！師卦唯一的陽爻九二（卿大夫）率軍在外，雖有實力亦不能與六五分庭抗禮，謹守人臣的本分。六四陰虛無能豈可謀取大位，何也？形勢使然。

八之六

　　有人說（䷎）謙卦六爻皆吉，是《周易》六十四卦當中的第一吉卦。其實六爻皆吉的卦不只謙卦一個，反觀謙卦六五爻辭「以其鄰利用侵伐」，上六爻辭「利用行師，征邑國」，手段都頗為強勢，和我們認知的謙卦似乎有很大的落差。所謂六爻皆吉指的是「靜吉」，若要採取行動，各爻的情況就有所不同了，不能一概而論。我想會認為謙卦是《周易》的第一吉卦，原因大概來自卦辭當中的這段話：

　　天道虧盈而益謙，地道變盈而流謙，鬼神害盈而福謙，人道惡盈而好謙。

　　謙，受到天、地、鬼神、人的補益、充實、施福、愛好，真實狀況是否如此？我不知道。但我能確信的是，《周易》讓我們知道很多事物變化的道理；同時也告訴我們，很多事物變化的道理是我們所不知道的。有這樣的體認，才會懂得謙卦的真正內涵。

　　《易經》也教我明白了一件事，人大多敗在得意之時，得意無罪，罪在忘形。驕縱自滿是觸犯天條的第一大罪！如果在人的靈魂深處仍存有一絲警惕，態度仍有一絲恭謹，斷不致於自取滅亡。

第九篇

九之一

在上課的時間和老同學相見，機會實屬難得！光陰似箭，時間過的真快！一來董宏銘和我將近有三十年不見，時間過去一點也不留痕跡。二來他人在世界各地跑，趁著這次在國內短暫停留的時間，且來台南洽辦事務，知道我開了《易經》課程，回國之前說要就近過來聽課。我喜出望外！「聽課」是宏銘的客謙之詞，宏銘博學多聞，自幼與《易經》結緣，我想聽他的獨到見解尚求之不得，於是我說：「你來指導一下，好提升學員的素質。」

宏銘即興講演的功力果然不同凡響，不僅把《易經》的道理發揮在各方理論，也證實了我在課堂上所講的是《易經》，是《易》學的基本功夫。並且期勉大家要扎實基礎功夫，才能活出屬於自己的《易經》。他說我們現在讀的《易經》是過去經驗與統計的智慧，但隨著人類的智慧與經驗不斷創新改變，只要累積的數量夠大，我們也可以應用《易經》的道理，不斷的創新「模組」，發揮在不同的領域。

我是藉由宏銘的口講出我的期望：「把課程中所學到的當成起點，而不是終點。」一來我沒有欺騙初學者，我講的不脫離書本範圍，都是字面上有的東西；然而要做到這點也不簡單，因為必須經常提醒自己，不要一不小心脫離書本的範疇，天馬行空的自由發揮。這是希望大家能在寶貴且有限的時間內先把基礎打好，

然後再各自去發揮屬於自己的《易經》。如果沒記錯的話，在第一堂上課的時候我就提出了這個觀點。這次藉由宏銘的精彩演說，相信學員的體認應該會加深一些。在課程結束前我又做了補充，《易經》傳承了這麼久的時間，涉及如此廣泛，如果有一家之說就把《易經》定下來了，其他說的都不算，那麼《易經》從此以後就完了！實際上不但沒有定下來，反而是隨著傳承的腳步，顯現出百家爭鳴、百花齊放的繁盛景象。個人不才，沒有太多的聰明智慧，忝為《易經》老師，只想把《周易》內容摸透，扎深根基而已，再讓學員去爭鳴齊放，各自發揮所長。

九之二

學員已經使用專用的八卦骰子進行占卜。我一再提醒大家如果無事可問，純粹用來練習，一定要先默念「這是練習」，以示對無形界的尊重；同樣的，問事完畢之後，也要心懷感謝無形界的指導協助。

九之三

幾位一同上風水課的陌生朋友，打聽到我在教《易經》，於是下課後找我閒聊。其中一位問我的《易經》是在教「訓詁」？

見對方認真的問，我也認真的回答。如果要做學

問的話，「訓詁（註解古文異意的考據辯證工作）」是
必經的道路，如果不是做學問，其實沒必要走這條艱辛
的道路。歷來《易經》相關著作太多了，「訓詁」又是
嚴謹深入的研究方法，必須參考很多書籍，才能支持所
提出的論點，耗日費時也不見得能鑽研出個所以然。就
以唐人李鼎祚著名的《周易集解》，蒐羅了漢代著名
《易》學家的注解，基本上得「訓」這部書是跑不掉
了！

　　我引用劉老師在上風水課時所講的內容，我的《易
經》課程是學術與實務並重，學就是理論，術就是方
法，實務就是實踐（統合）。我認為《易經》是致用
之學，我教《周易》六爻演卦，其中有理論、方法、實
務，學員懂了之後再根據所學的結合所長，各自發揮。

九之四

　　「演卦是講大衍之法嗎？」

　　嚴格區分，大衍法是屬於「裝卦」、「取卦」這
部分，而所謂的演卦，應該是屬於演繹分析、歸納判斷
的邏輯思考過程。取卦的方式，古代大致區分為卜法與
筮法兩種，大衍之法屬於筮法。其實只要符合取卦的方
式，倒不一定要用大衍法，畢竟這個取卦的過程比較繁
複，入手有其困難度。

　　這幾位朋友接著所提的問題，我在之前都有想過，
也都有寫到。其實他們的問題都圍繞著一個共同的疑

慮，就是《易經》課程涉及的範圍太廣了，一旦投入了時間、精神、金錢，卻無法預期能得到什麼？而我也是針對他們的疑慮加以說明，總是讓他們感到滿意為止。以下是我們交談的大概內容。

九之五

「劉老師地理風水課講的六十四卦和《易經》有何不同？」

「玄空派」的地理理論，用的主體是六十四卦的「配數」，以先天卦為體，後天數為用。所謂後天數就是洛書理數；而六十四卦符號的功能只在帶出數理，提供運用，並不以符號本身做為主要探討研究的對象。六十四卦符號我當然認得，但運用的方式和《周易》演卦沒有關聯，我只能說有《周易》作為基礎，學起來會比較快一點。

就像過去我學「龍門八局」地理，理論用的是《易經》先、後天八卦為基礎，不像「玄空派」用到六十四卦，而且「龍門八局」也用不到配數。又如「飛星法」、「八宅法」用到洛書理數、後天八卦等，擷取的理論不同，用法也不同，更用不到六十四卦。

其實，像這種或多或少從《周易》裡頭擷取一些理論，自成一套理論體系的現象十分普遍，不只是運用在命理、風水地理，還有用在其他術數方面，根源於（--）陰、（-）陽的理論，再加以擴充發揮的學術，

範圍可以說是無所不包。

　　不僅《易經》的理論經常被人拿去使用，也經常被人置入新的東西。如所謂的「文王卦」、又稱「六爻卦」、「火珠林」，就是後人以六十四卦帶入了干支、五行、六親、六獸等做為主體，論斷吉凶的占卜方式，也不是以六十四卦符號做為探討研究的主要對象。而其中以木、火、土、金、水的五行生剋制化理論運用最廣。起初五行與《周易》六爻演卦根本是兩套不同的系統，後來不但用來與《易經》結合，幾乎和《周易》的（--）陰、（一）陽理論一樣，運用的範圍無所不包，甚至合稱為「陰陽五行」。又以中醫、道教養生，以及傳統療法的經絡推拿，更是將此理論發揮的淋漓盡致了！

　　在長期演化的過程中，如此巧妙的把原先不同系統的東西，做了有機的融合，就像滾雪球一樣，愈滾愈大，對於後學者來說，眼花撩亂、負擔之沉重是可以想見的。

　　我教的《周易》六爻演卦，講的就是以六十四卦為主體，「陽放陰縮」為理論基礎的演卦方式，不講前面所提及的五行、干支、六親、六獸、配數等等。因為我的觀念是：既然《周易》六爻演卦用不到這些理論，何必佔用學員的時間。並非讓學員感覺老師懂的很多才叫真功夫，而是能讓學員體會到我在正本清源方面確實下了功夫。

九之六

其次，說到了爻變、卦變。《周易》裡頭除了幾個爻辭的假設說法，有運用到爻變、卦變的概念，最主要的還在「雜卦」傳裡有許多陰陽相錯的兩卦比對，就有爻變、卦變的味道。在《周易》主要的六爻演卦邏輯上根本用不到爻變、卦變。求變卦、爻變即卦變、抽爻換象、錯卦等等不同的名目，其實意思都是指向（--）陰、（-）陽互換的術法。本卦與之卦（變卦）的使用由來已久，春秋時期早已普遍使用，《左傳》、《周易古筮考》等文獻均有記載。可惜這套學術的理論與術法並沒有經過整理傳承下來，難以確認其理論與運用方式。東漢「占候派」焦延壽的《易林》、宋朝京房的「十八變」、「文王卦」又稱為「金錢卦」等，都是此類著名的術法，而運用方式也都是自成一格，坊間有關《易經》占卜的書籍普遍使用。實際上大都是宋代以後發展出來的《易》學作品，可以說和《周易》沒有太多的聯結。

九之七

再者，提到與《易》理、《易》數並列《易經》三大內涵的《易》象問題。在《周易》六爻演卦當中經常使用到卦象，當時的環境文字有限，書寫工具也不便捷，用象是相當理想的表達方式。簡潔的爻辭，處處都

有卦象的痕跡，而且中爻、半象、大象、覆象等手法十分靈活，有的用象之精妙令人拍案叫絕！除此之外，「說卦」傳也有八卦用象的說明，但並非每個卦象都適用在演卦上面，而且有不少卦象並沒有收錄在「說卦」傳裡。近人尚秉和先生（滋溪老人）在《焦氏易詁》、《周易尚氏學》二書蒐集整理許多卦象的用法，內容充實，舉例豐富，看過之後對卦象的瞭解有如神助，我在撰寫《周易形勢學》的時候發揮了莫大之功。**就我個人的瞭解，卦象除了顯象以提供演卦的輔助功能，本身並非判斷吉凶的標的；也就是說，卦象顯現在爻辭上面的文字，多以敘述人事物為主，判斷吉凶並不是以卦象為依據，所以能夠瞭解卦象最好，不能瞭解也不會影響演卦的結果。**我個人以為可以把卦象當成藝術品，用比較輕鬆的心情欣賞，因為卦象讓演卦多了些活力、樂趣、靈魂、生命。欣賞之餘，無不讚佩古人豐富的想像力。

九之八

　　董宏銘說占卜的「隨機」很重要，如果用自己的意志在決定事情，那麼演卦就推不下去了。

　　「力量（意志）是主觀的，形勢是客觀的」，《周易》六爻演卦講的是力、時、空因素。「我」就是「本爻」的概念化，如果沒有「我」的存在，就無所謂吉凶利害關係，那麼形勢變化與我何干？「本爻」是六爻卦其中任何一爻，透過與其他五個爻所產生的聯結，「本

爻」在下卦，下卦就成了「我方」，上卦就成了「彼方」，因而形成了我與我方、我與彼方、我方與彼方的對待關係。

說白話一點，有時聽到「我們是同一掛」這樣的話，也就是自己人的意思。「本爻」在下卦，下卦其他兩個爻位就是「同一掛」，相對的上卦就是「不同掛」，反之亦然。上、下卦的位置是固定的，可以輕易辨視出那些和本爻（我）是「同一掛」或「不同掛」，以及本爻（我）在裡頭的相對位置。相對於固定位置，（--）陰、（—）陽爻組成的形勢變化要來的複雜，在辨識上面也顯得困難許多，卻也因此充分反映出複雜的人事物關係。

所以從演卦來看，有的和本爻「同一掛」的可能是個阻礙，未必是幫助；「不同掛」的也未必是個阻礙，有可能是幫助。並且能夠藉由（--）陰、（—）陽爻的顯示，進一步分析這個阻礙或者幫助是屬於積極實質的力量，還是消極被動的力量。

匯集個人力量、群體力量、相對力量等各方力量形成的整體形勢通通在考慮範圍內。如果「本爻」，也就是「我」個人的意志可以決定一切的話，就照著自己的想法去做就可以了，基本上已經失去了演卦的意義，所以演卦也是訓練客觀分析的方法。當我們必須跳出自己的情感好惡看問題，這時就能夠深刻體會到，所謂的客觀分析並非容易的事情。

聽了我的解說，這幾位朋友非常認同，認為要做

到客觀並非簡單的事情。不僅如此,董宏銘也提及「渾沌理論」,我在《有易人生》寫過這樣的文章。簡而言之,六爻演卦是一套分析歸納系統,在系統的輸入端是否提供了充分而又正確的資訊,直接影響輸出端的結果是否正確;換言之,一旦輸入端提供分析的支持條件錯誤居多,基本上也不必為錯誤的結果感到意外。何況過程當中也有可能發生突發事件,造成支持條件的改變,也就影響了結果。所謂測不準的「渾沌理論」,主要在於交叉影響的因素複雜,氣候變化如此,人生變化亦如此。天何言哉!占卜也是盡人事,人算的再準,天算一筆,人算一世,人算不如天算,無法逆料的變遷因素,也就只好順天知命了!

九之九

在過去的實務經驗,有的占問者根本沒搞清楚自己的問題關鍵為何;或者非常清楚明白,只是刻意隱瞞、自我催眠、逃避等等心理因素,這是常有的事情。有經驗的占卜家會引導,協助這些人帶出被自己扭曲的心理因素,**誠實的面對問題,才能得到正確的分析,懇切的結論,作為因應事情的參考。**不要覺得這沒什麼,**誠實面對自己的情感,對某些人來說並不容易做到;不能誠實面對自己的情感,又如何誠實面對問題呢?**

然而,理論與方法(學術)的層面再往上推升,還是有道德、哲學、神學、靈修不同層面的形上修為,

若說這些都不切實際，那誰又能否認這些因素對於生活面的事物沒有影響力呢？**占問者與占卜家建立交心的關係，專業的占卜家必須謹守職業道德。要具備好的品德操守與專業素養，光靠自己的能力是無法維持的，因為占卜與道德、哲學、神學、靈修方面的知識與修為是聯結在一起的。**玄的不說，既然《周易》做為天人溝通的橋樑，探討人生問題、生命意義，做為入世間法的規範能不遵守嗎？出世間法的哲學、神學、靈修能不修為嗎？

九之十

最後告訴這幾位陌生的朋友，最近我都在上網觀賞大陸考古的影片。《易經》的學習就像考古一樣，就算有深厚的學術根底，由於時空的隔離，能夠還原事物的真相也難做到百分之百；而不同的是，這些古文物最終都送到博物館供起來，《易經》卻活生生的存在天地間，在我們生活中發揮作用。

徹夜撰稿，告了段落就把文章貼在「Facebook」，當夜寫的第二篇貼上去的時候，也差不多快至清晨五點。好友張育智留言：

朱大，我正在拜讀您牆上關於《易經》的文章呢……拜讀您的文章太精彩！難怪人家說深夜不要讀易。哈哈！會睡不著啊！

　　我在「ｗｏｒｄ」撰文的同時，有人就在隔壁的「Ｆacebook」讀你寫的文章，一篇接著一篇，頗有「海內存知己，天涯若比鄰」的感覺。

第十篇

十之一

有些卦辭和實際六爻演卦的結果落差很大，互相矛盾，這也是我為何要學員把《周易》「拆開來」，免得觀念混淆不清，不知所從的理由。（☷☳）豫卦就是一例。

豫卦卦辭：「利建侯行師」。「利建侯」指的是卦中唯一的陽爻九四，四位為諸侯之位，所以九四「利於建立諸侯事業」是可以理解的。下卦三個爻位皆陰爻，九四「行師」，看似可以採取行動，出師征戰。

九四爻辭：「由豫，大有得；勿疑，朋盍簪。」似乎也支持卦辭的論點，但妙就妙在這個「簪」字，簪子固定不動，朋友才能像頭髮一樣括束聚合起來；若是簪子動搖不定，頭髮都散了。「朋盍簪」明擺著九四是固定不動，而且「勿疑」，不要懷疑。

爻辭的「朋盍簪」和卦辭的「行師」差異太大了！**這樣的矛盾經常出現在卦辭與爻辭之間，怎麼辦？最好的辦法就是把卦辭暫擺一邊，以六爻演卦的爻辭為主，因為在六個爻辭當中可以獲得更多且完整的資訊。**

另外在（☵☳）屯卦卦辭也有「勿用有攸往，利建侯」，指的是屯卦初九，而初九爻辭也有「利建侯」，全文是「磐桓，利居貞，利建侯」。「利居貞」的意思是指初九利於安居初位。既然如此，怎麼又指向四（諸侯）位的「利建侯」呢？難道也要初九前往建立諸侯事業嗎？又要居貞，又要前往，這又是一例典型的從字面

上看來，爻辭本身前後的自相矛盾。

「利建侯」只因初九與六四陰陽有應，諸侯之位空虛，雖然初九有能，但能力不及諸侯之位，只可說是志在「利建侯」，而在實際行動上仍要「勿用有攸往」、「利居貞」。因此可以推論豫卦九四、屯卦初九的「利建侯」只在說明初位與四位的（--）陰、（—）陽爻彼此相應，說的是「志應」，而非「智取」或「力取」，顯然寫豫卦卦辭的人搞錯意思了！才會要九四「行師」，做了這樣錯誤的指導，害苦了後學之人！

學《易經》的人要會反向思考。豫卦九四何以「朋盍簪」，而不是「行師」？下卦為（☷）坤，坤象為眾、為虛，這個洞破的太大了！不是九四以個人之力下來能夠補的起來。何況身為領導者，本身舉棋不定，群眾力量無法凝聚，形同一盤散砂，這就是四位「四多懼」的特性，尤其是陽居陰位的九四。

九四在目標方向不能確定的情況下，貿然進取，更是險上加險。（☳☷）豫卦和（☱☷）萃卦之間的不同只差在五位的（--）陰、（—）陽爻，但是兩者的整體形勢與九四作為卻有天壤之別，其中的玄機可以請學員去參，能夠參透的話，演卦的功力必能大增，因為我尚無把握能夠參透其中的道理。

十之二

皮要繃緊一點！學員已經挑出書中的疑點與筆誤，

其實我自己也找出一些錯誤，這也是教學帶來的好處，至少有人幫我訂正修改《周易形勢學》，不再像過去一樣孤立無援。有的學員領悟到《周易》六爻演卦這套分析系統的奧妙，在分享心得的同時，已經開始往興趣和所學的背景做聯結，這是我樂見的發展，也是我所期待的現象。因為每個人都可以發展出屬於自己的《周易》，這是我一再強調的「師傅領進門，修行在各人」。我把道理告訴學員，不是在賣弄我懂了多少，而是要讓《周易》的道理實際和每個人的生活結合。

一位在大學任教的學員問我：「如果地球毀滅了，《周易》還會存在嗎？」

「或許吧！」突如其來的問題讓我一時不知如何回答。

「有可能在地球上消失，卻存在其他星球上……」

從生命現象的角度來看《周易》，好棒的見解！如果《周易》只是一種知識或是占卜，試問這位老師會有這樣的觀點嗎？就是因為透過了學習，能夠體會到《周易》可以發揮的範圍實在太大了！

十之三

學員問道：「同一件事為什麼第一次占卜為凶，第二次占卜為吉？」

我不清楚他問的是什麼事情，卜到了什麼卦。我的作法同一件事會進行第二次占卜，在於難以領悟第一次

所卜的卦象，才會啟動第二次，往往兩個卦象一比對意思就明了，但這也是少有的現象。如果說已經知道第一次占卜的結果為凶，抱著想要逃避的心理進行第二次占卜，這樣的態度是不正確的。

難以領悟所卜的卦象，也有可能是沒想到問題的關鍵，只是問些表相的事情，這時自己就要思索：「我有沒有誠實的面對自己，面對心裡真正的想法，還是經過包裝的事情表相？我對占卜的結果有沒有信心？還是占卜的結果要配合我所想要的？」

當我們把問題從事情的表相回歸到關鍵，回歸到心裡真正的想法，卦象所顯現的答案就會隨之明確，關鍵是我們願不願意這麼做。**因為誠實面對自己，以及對占卜結果的信心，要比懂得演卦的道理方法還不容易做到，不僅學習的過程如此，我現在還是這麼認為。**

十之四

我們常說的「天時、地利、人和」往往是在事後的檢討，事先的預測如何得之？預測無非憑藉過去所累積的經驗，以及專業背景的評估，縱使如此，仍無法像《周易》六爻演卦一樣，可以明確的告訴我們何種作為可得天之時、地之利、人之和。透過六爻演卦不但可以得知，還能知道是具備其中某一項條件，還是三個條件兼得，或是連一項條件也沒具備。例如（䷇）比卦九五可以前來初六，九五佔天之時，歷經人和、地利而能成

其功。

又如（☷☵）師卦初六，就知道初六陰虛，基礎不固，必須與九二親比，借助九二之力，初六與九二同在地位，當前問題也只能藉由地利之便解決。

如果《周易》六爻演卦沒有「三才」輔助，怎能得之如此結果呢？預測判斷都是有所根據，主要在於能否發覺卦象中透露出的訊息，這得經常練習，累積解卦的功力。

⊙ 十之五

學員說我一再強調「爻辭」不講仁義道德，只講利害關係，那麼不合道德規範，甚至作奸犯科的事也可以占卜嗎？當然，若想試試看也未嘗不可。《論語·衛靈公》：

在陳絕糧，從者病，莫能興。子路慍見曰：「君子亦有窮乎？」子曰：「君子固窮，小人窮斯濫矣。」

孔子的急智發揮了機會教育的功能，亦可見孔子道德修養之深厚。這段文字著重在孔子以品德操守界定君子與小人的評論。但我們不要忽略了另一個重點，**君子和小人同樣都有面臨窮困，走投無路的時候**。也就是說「窮困」是不會選擇君子或者小人的。

《周易》也講君子與小人，卻是以（—）陽爻比喻

君子，以（--）陰爻比喻小人。陰爻本身沒有動能，必須依附陽爻的關係，並非以品德操守為設定條件，正因如此才能客觀的反映出君子也好，小人也罷，都有面臨窮困的時候。「爻辭」明確提出警告，來制止可能會發生的不利行為，還要去做那就是「窮斯濫矣」，君子、小人，什麼人都一樣，無關品德操守，無關道德規範，甚至作奸犯科的行為。這麼回答有人會質疑，也有卜到好卦的「機率」。是的！但機率很低，依我過去的經驗，還未有人行徑敢如此膽大。如果占卜到好卦，我就要說：「天作孽猶可違，自作孽不可活」。我們常說：「舉頭三尺有神明」，其實講的就是心中的冥冥之神，誰說神明一定會護祐加持，神明也會毀滅人，把責任推給神明也沒用。若能以占卜作為省思機制，以此為戒固好。如果是拿占卜來為明知不當行為背書，更是確鑿了孔子所講的「小人窮斯濫矣」！那還能說什麼呢？

十之六

　　每次看到（䷯）井卦，都會想到「井底之蛙」，你、我、他，每個人都有可能是「井底之蛙」：

　　井卦初六：井泥不食，舊井无禽。

　　如果在井底的青蛙覺得生活過得「舒適」，不要把牠拉到外面的世界，這樣會讓牠感到不安恐懼。

井卦九二：井谷射鮒，甕敝漏。

不要認為這樣的「舒適」都是正面的，在別人看來覺得牠是在折磨自己，甚至牠自己也感受到了。牠覺得必須「做點什麼」，這樣才會比較安心。

井卦九三：井渫不食，為我心惻；可用汲，王明並受其福。

除非這隻青蛙已經厭倦了待在井底「做點什麼」的生活模式，那怕是輕微的質疑，或是受到外在影響而產生的好奇，如果這時有機會讓牠脫離這個「舒適」的環境就有成局的可能。「機會」早來一點、晚到一點都不成，因為改變的動力基本上是來自這隻青蛙內在的反應。

井卦六四：井甃，无咎。

接觸到新環境的青蛙，不一定能夠馬上認同新環境的事物。這是認知問題，也是技能問題。一來牠還沒完全擺脫過去「做點什麼」的思維與生活模式，二來牠還沒完整建立以後「做點什麼」的思維與生活模式。不知道「做點什麼」的新舊衝擊下，確實讓青蛙手足無措，惶恐不安。這時就按照過去「做點什麼」的經驗「做點

什麼」，尚未建構成熟的「做點什麼」之前，觀察學習是重點，有過則改是有發揮的空間。

　　井卦九五：井冽，寒泉食。

　　經過思考觀察，學習模仿，度過了磨合期，屬於自己的「做點什麼」已然成形，而這個「做點什麼」在新的環境發揮了作用，讓青蛙有左右逢源，如蛙得水的「舒適」感。記住，這個「做點什麼」的「舒適」感不完全是正面的。只是這隻青蛙不再是井底之蛙而已。

　　井卦上六：井收，勿幕；有孚，元吉。

　　好了！這隻青蛙可以擺脫過去在井底的思維與生活模式，「做點什麼」讓牠感到安心，並且發揮了效果。除非青蛙「做點什麼」的「舒適」感開始不安起來，或是對外在新事物產生好奇，改變的機會又能適時的出現，早一點、晚一點都不成。不然的話，青蛙「做點什麼」的「舒適」感會維持相當的時間，那怕不是全然的正面。

　十之七

　　（☲）遯卦，遯與隱退表面看起來差異不大，但實際內涵卻大有學問。**「遯」有等待時機做復出的準備，**

隱退就此淡出沒有復出的打算。動機的產生有來自客觀情勢影響，也有主觀意願所致。起初動機的差異如此細微，而接下來的過程也會有所變異，結論也會不一樣。「遯」的起的復出有望，「遯」不起的就真的隱退了。隱退的起從此閒雲野鶴，隱退不起只好重現江湖。所以我們永遠搞不清楚動機、過程、結果何謂真？何謂假？實際上也沒有探究的需要，因為自始至終都是個「混沌」狀態。

遯卦九三、九四都是實力派的人物，面臨上頭相同實力派的九五、上九，這樣的重重阻力是無法更上層樓，也迫使九三、九四必須思考，是要屈居人下，等待機會，還是退來重新開始，另起爐灶？就遯卦整體形勢而言，退來是個不錯的選項。別的卦就不一定囉！尤其是飽嘗權力、利益滋味的人物，喜歡講些冠冕堂皇、言不由衷的話，別人聽起來或許真假莫辨，但在《周易》六十四卦下卻是無所遁形。**你敢用假的想法唬弄它，它也用假的東西來唬弄你。真誠的面對《周易》，其實就是真誠的和自己面對面，這樣子才會有真誠的答案出來。**

十之八

早已入睡，卻被突如其來的大雨吵醒，是這陣子來常有的事。既然吵的睡不著，索性把益、渙二卦標示了重點，《周易形勢學》六十四卦又一次修改審定的

工作大致完成，整個《易經》課程的教材已經齊備，順著課程的進度若有新的領悟，隨時寫入《我學易經的第一步》，但也得領悟出來了才寫的出來。領悟、靈感、感覺最混沌不明，追尋捕捉不見得有，守株待兔不見得有，來的時候就有，消失的時候就沒有，奈它若何？來去只有順著它的意思。突然感覺以後的時間會空出許多，我這「井底之蛙」是否該「做點什麼」？

第十一篇

十一之一

近來連日大雨，地震頻仍，天災地變造成人心惶惶。2012年6月13日中午住在屏東的同學在「Facebook」即時通留言：

今天聽到一則消息，說者言之鑿鑿，內容是6月17日中午以後至6月18日清晨，台南地區會有大地震，而且不止一人有此感應，本想在「FHK30」中告知，又怕有妖言惑眾之嫌，故先就教二位大師，先請朱大師卜個卦，再請董公作個法，看能不能解民於倒懸。先謝謝啦！

住在屏東的同學都如此關切，住在台南本地的我也該關心一下。我回覆同學的考慮是正確的，這等大事我先到廟裡請示神明占卜後再作盤算。於是下午趁著天氣放晴出門，前往廟裡拈香請示神明賜卦，卜得（☴）漸卦九三，我的分析是這樣的：

（☴）漸卦位在地位的初、二位皆為陰爻，沒有動能，穩定又安靜，也沒有被九三陽爻所引動，據此推測並無地震的跡象。預測有無的機率各有二分之一，這是最基本的預測方式。然而根據經驗法則，在這麼短的時間之內，準確預測到大地震的發生，這樣設定的條件困難度相對又要提高許多，我想連氣象局也很難預測到。若非得之不知名的力量，要不就是胡扯，除非提出預測

的人說明出處，否則再也想不出其他的理由了。

另外，我們也可以從顯示的卦象預測一下當時的氣候。漸卦上卦為（☴）巽卦，為風、為入，具有能量的上九、九五皆在天位，其中又以上九為動爻；四至二爻為（☵）坎卦，為水、為雨，在（☴）巽風之下方（四位）直到地面（二位）。既有風象又有雨象，推測應在颱風才是。漸卦，有漸進、漸漸落下的意思，而且整體形勢是由上而下，動爻又在天位；巽為入，又有進入的意思，推測這二天應該是颱風會進來，至少也是個有風有雨的天氣。居於人位的九三在風之下，在雨之中，不可退來，也不要貿然前往，一定要頂住風雨。結論還是做好防颱準備比較實在。

我想做為一個《易》學研究者，應該提出一些有根據的看法，這樣才算盡到預測的本分事，不能造成誤解，認為占卜只是信口開河。我也不否認占卜也是一種通靈的方式，生活中經常會收到一些訊息，有的訊息可以透過事物的徵候推論出來，這個是比較具有科學基礎或是經驗法則。有的訊息來源不明，說是心電感應、通靈等等都可以，但要質疑的是這些訊息都是正確的嗎？這些無形無狀的訊息要不要經過檢驗？又要以何者方式檢驗？能不能經的起檢驗？如果沒有建立檢驗的方式，暫且不論客不客觀、訊息來源為何、正不正確？這裡面就已經存有太多人為可以操作的空間。

⊙ 十一之二

上課的時候，我以前面所講的預測地震為例，來說明我解卦的方式。我以中爻（☵）坎卦為水，解為天候有雨；而中爻其實還有個名稱「互卦」，分為下互、上互。以（䷴）漸卦為例，二、三、四爻下互為（☵）坎卦，以五、四、三爻上互為（☲）離卦。有位學員問我為何只取下互的坎卦，不取上互的離卦？這個問題提的好！可以看出他已經懂得解卦的方式與要領。如果取（☲）離卦，為火，離是火之精，又可以解為太陽，那麼預測的結果可能就是有陽光的晴天；如果離卦、坎卦都取，天候可能又是時晴時雨，因為這些卦象都有顯現出來。（註：事後證實2012年6月17日台南地區白天維持晴朗的天氣，直到午後五點左右下了場持續不久的大雨，延至18日清晨始終沒有地震發生。「谷超」颱風也沒有進來台灣，不過氣象局預測18日晚開始防範「谷超」颱風強盛的外圍環流引進西南氣流影響，會下好幾天的豪大雨，事後證實雨量和預測的落差很大。）

另一位學員接著問：「卦象該如何取捨？」其實卦象的取用方式很靈活，除了顯示出的卦象，必須結合上課所講的演卦觀念來做綜合判斷，另外就是經驗法則。所謂經驗法則就是「可能性」，一旦有可能這樣，也可能那樣，兩者產生衝突時，就必須依據我們所獲得的資訊、條件、經驗、知識，選擇發生機率比較高的。例如連日豪雨，氣象局又預測有颱風逼近台灣，卦象又有

顯示，根據這些資訊、條件，研判下雨的機率會比晴天高。

接下來是機會教育，（☶）漸卦倒過來看（綜卦）就是（☳）歸妹。我們可以看到歸妹的上卦是（☳）震卦，這時候就不能當成地震解釋，在空中顯象振動是為打雷閃電現象；位在地位的初、二皆陽爻，都具有動能，而且初九位於地下又是動爻，和漸卦的初六、六二相比較，發生地震的「可能性」就要提高許多。然而初九受到九二的抑制，可以據此推測釋放的能量有限，不至於會產生大地震。

十一之三

講到「可能性」，預測事情就有一定的誤差值。這個誤差值即所謂的變化、變數。**能夠考慮到的因素是已知的常數，考慮不到的因素就是未知的變數**。我們就是藉由演卦的方式盡可能的把混沌不明的狀態，轉換成已知的常數。我在「混沌理論」文中提到，為何氣候老是測不準，就是因為大氣環境隨時都有加入、退出的條件，過程變化太大，可謂瞬息萬變，一般人也能體會氣象預報不是件輕鬆的工作。人事也是如此，複雜的程度不亞於大氣變化，所以占卜演卦、解卦的過程也不輕鬆。

這個「可能性」的誤差值愈低，準確度就愈高，這就是科學實事求是的態度。我們日常生活中經常在做

各項預測，不管是天氣、意見調查、股市走勢、經濟景氣等等，綜合實際狀況、經驗法則、學術理論等等所做的結論，即便如此，也不敢聲稱預測百分之百正確，因為一定有所謂的誤差存在。如果事物發展的現象，有相當程度（比例）確實如先前所預料的，我們就可以說這個預測的結果是正確的。當然，也要看問題所設定的條件，問題愈複雜，誤差值愈大，準確度愈低。所以「準確度」這個觀念也不能等量齊觀，有的問題可以類比，但絕大部分在基礎上、過程中的條件就已經失去類比的公平性，所以兩件事用來類比往往是徒勞無功，自尋煩惱。如果先建立「失去類比的公平性」這樣的認知來做比較，又會發覺「比較」並非全然負面，它也是一種思考的來源，可以活化腦細胞，產生行動力，為生活增添不少樂趣。所以關鍵不在「比較」上面，而是我們的心態的問題。

十一之四

從「可能性」又帶出了所謂的「選項」問題。《周易‧繫辭下》：

《易》窮則變，變則通，通則久，是以「自天祐之，吉无不利。」

我反對把《周易》占卜視為算命，原因就在「窮

則變，變則通，通則久」這個觀念，也就是說我們的思考、決定大多時候是可以有選項，是可以調整、選擇的。如果不能調整、選擇，那就是窮盡，也就無法變通。算命則告訴我們這一切都是命運安排好的，命中注定的，非得如此不可，這是所謂的「宿命論」。但是《周易》告訴我們的道理並不是這樣，在事情尚未發生之前是可以調整、選擇，包括了決定，和以後要怎麼做。《老子道德經》說：「天地尚不能久，而況於人乎！」人是可以改變的，這就是人與天、地合為「三才」的道理所在。

從兩儀、四象、八卦、六十四卦建立起的外在演卦機制，再從六爻演卦、八項分類、四種狀況、二個原則回歸到內在修為的境界，這是方法與理論，實務與境界合一的完整過程，兩者齊頭並進，不可偏廢，所以《周易》又稱「內聖外王」之道。

六爻演卦分析主觀條件、客觀形勢包含了：

八項分類指的是卦象的分類；四種狀況靜吉、靜不吉、動吉、動不吉，以及二個原則動與靜。

外在演卦起於太極，歷兩儀、四象、八卦、六十四卦；內在修為則由六十四卦、八卦、四象、兩儀返歸於太極。外觀卦象推演，內觀心思欲念，如此才能做到全息觀照。

誠所謂「心開意解」，心不開，意不得解，縱使懂得演卦的道理，《周易》的內涵，攤在面前也是視之不見，無法契入。

　　《周易》沒有非得這樣，非得那樣的意識形態，意識形態就是私心和欲望。往往人在行為上會照著私心和欲望行事，卻在思考上無法面對，甚至掩飾、逃避私心和欲望。在別人面前如此是自我保護，但面對自己的時候，面對神明的時候，並非理想的作法。很多負面的心理反應，大概都是這樣來的。因為我們沒有透過觀照的方式，找出私心和欲望的關鍵所在，也就是剝開層層的掩飾和障礙，找出內心最真實的想法和期盼，《周易》六爻演卦正是透過觀照的方式獲得啟示，而這個啟示不但回應我們的私心和欲望，也可以內觀靈魂深處，外放則影響行為。如此一來，不也間接的改變了人生觀，改變了生活態度？為什麼會這樣？因為我們學會了用更寬廣的角度來看事情，無形中也減少了矛盾對立的想法。

⊚ 十一之五

　　何謂「天機不可洩露」？所謂的「天機」，是我們還搞不清楚的混沌狀態，只能說自己修為不夠，參不透，境界不到，曾經努力過了仍不可得，沒有這個機緣也就順其自然吧！我把《周易》當成學術研究，扎實學理根基為依據。學術可以公開，學術有其優劣、限制，學術可以比較、討論，為什麼要神神祕祕的呢？搞神祕足以證明為師者功力深厚嗎？知之為知之，不知為不知，是知也。不必賣弄玄虛。

　　學員說我社會經驗不足，不知道如何回覆問題的時

候就說「天機不可洩露」，千萬不要說「我不知道」。我曉得這其中有得利的空間，而且很多人吃這套。不是我社會化不足，我也想獲取更多的利益，只是不想壞了《周易》這塊招牌，因為這塊招牌是借來用的，並不是我的專利。

　　有學員認為我在基礎教材的部分講的太少，在生活《易》方面講的太少。《周易》的內容講的太細膩、太深入反而讓人失去聽講的興趣，不是一般大眾能夠接受的程度。這些意見我都會斟酌參考。但也有人認為我對《周易》六爻演卦的深入是前所未見的，就以上課剛講到的（☷☶）謙卦初六爻辭：「初六，謙謙；君子用涉大川；吉」為例，如果我不點破「君子」指的是九三，誰會聯想到在初六的爻辭裡竟會出現九三。其實類似的表現方式在「爻辭」中並不罕見。「江湖一點訣，點破不值錢」，學了十多年的《周易》，演卦的訣竅就是這些，不點破它，演卦的邏輯就是不通。還要藏著掖著，然後呢？幾千年來我們有很多寶貴的東西就是這麼失傳了！想盡辦法藏，藏在字裡行間，師徒再來口授心傳訣竅心法，又擔心徒弟超越太多，藏一點，一口氣上不來，沒了！丟下一本文字晦澀不明的書，後人還要費多大的勁才能解開這個密碼，解不開，從此失傳了！

　　我不把所學到的東西用來鋪路，後面的人就得投入精力重新開始，這樣太苦了！一個人能做到的事，何必讓後面的人一再重複輪迴。就算我的東西不對不好，至少也能發揮「他山之石」可以攻錯的作用。心態要正

確，這樣《易》學才能不斷的創新提升。

十一之六

　　上課講到（☷）謙卦時，我也講了不少題外話，說這些題外話與《周易》有關也對，無關也對；愛聽的說對，不愛聽的說不對，就是這樣。

　　我一直認為吳三桂引清兵入關的故事，很適合用來解說謙卦的整體形勢，卻又擔心普遍譽為《周易》六十四卦的第一吉卦，被我引喻的不倫不類。

　　明末朝綱不振，弊病積重難返，連連內戰（耗）民不聊生，國力元氣大傷，氣數將盡。「闖王」李自成領導的大順軍進入北京，崇禎皇帝自縊景山（煤山），山海關守將吳三桂兩面受敵，對內不敵李自成，對外難擋多爾袞，為求自保，只好一面答應與李自成議和，一面又求助多爾袞。而在京的李自成，因害怕清兵入關，決定「滅吳保關」，並親率大軍攻討吳三桂。吳軍初敗，吳三桂求救於多爾袞，多爾袞將計就計，趁吳三桂與李自成談判之機，突然向李自成發動攻擊。李自成以為吳三桂「引狼入室」，於是殺了吳三桂全家。吳三桂為報仇放清軍入關，聯合清軍在「一片石戰役」中擊潰李自成的部隊。清軍入關後，攻入北京，多爾袞把年幼的清世祖以及朝廷由東北的盛京遷都至北京，封吳三桂為平西王。

　　就謙卦整體形勢看來，上卦（☷）坤卦，坤為眾，

比喻尚在山海關外的清軍集團勢力。下卦（☶）艮卦，比喻搖搖欲墜的明末政權集團勢力。謙卦唯一的陽爻九三就像邊防守將吳三桂，位在下卦集團的最上方，與上卦集團鄰接，上卦三個陰爻皆可長驅直入到下卦來，全拜九三退來引動之賜，正好說明了吳三桂與清軍分屬不同的集團，一旦利益相結合，對清軍集團而言，形勢所趨，相對的力量也可以為我所用。**成就事功的關鍵因素，未必全在我方集團的內部，外部相對的一方，有時扮演著關鍵的力量。**

扮演這個關鍵的角色，也不一定是居高位者。謙卦九三位不及侯王，吳三桂不過邊防守將，但對明、清、李各方集團勢力而言，他的動向足以決定整個局勢發展方向，在歷史的偶然下，成為時代舞台上的焦點人物，挑起了大樑，真可謂時勢造英雄。清軍集團雖勇而眾，始終不得其門而入，如上卦坤象的三個陰爻雖然沒有動能，卻還是一股不可忽視的力量，就像一列長長的車廂，本身沒有動能，一旦掛上火車頭，就能大大的發揮作用。

（☷）坤為眾，沒有動力，如同一盤散沙，誰能把烏合之眾組織起來，集中所有力量朝向目標，那麼形勢可就完全改觀了。有組織能力的人就成了集團的領導人物。領導者指引方向，設定目標；群眾就是集中力量達成目標。

何以我認為占得謙卦未必是個吉卦？理由很簡單，看謙卦六五爻辭「以其鄰利用侵伐，无不利」，上六爻

辭「利用行師、征邑國」，都是採取非常強硬的手段，一點也看不出謙和的作為，如果「我」是下卦的任何一爻，是站在上卦的對立面，面對這樣極端的相對勢力怎麼辦？**組織的形成、運作、發展、整合、進取、退守之道，運用組織的力量更勝於個人的力量，「形勢比人強」就是《周易》演卦的觀點。所以《周易》的道理會被用在軍事、企業策略經營管理，也正是這個原因了。**

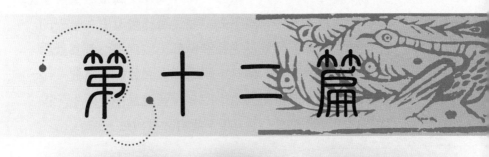

第十三篇

十二之一

　　《易經》班第一期的初級課程今天結束。下週起進入中級課程。初級除了基礎教材，另外又講了七個卦；中級的課程也是接著講下去，並沒有什麼改變。唯一的差別會在上課前請學員先練習裝卦，取到那一卦我就講那一卦。已經演過七個卦，學員應該大致能夠掌握一些演卦的原則，但是對於六十四卦符號還是相當陌生，得找機會讓學員練習一下，我不能再唱獨角戲下去。

十二之二

　　下午到「金玉堂」書店吹冷氣，一本書的內頁段落標題寫著「預測未來不如創造未來」，看到這樣的標題就不想看內容在論說什麼。「預測未來」與「創造未來」兩者之間有衝突嗎？是誰把它們對立起來的？我們從小就接受這種教育的集體催眠，難道我們的靈魂還要繼續鎖在二元思維的牢籠裡嗎？無法從狹隘的「道理」釋放出來嗎？這個世界的現實是我們所熟悉的，在人事物上面，總是不得不屈於現實而有所選擇；也由於太熟悉的關係，我們在精神生命上面也習慣了被拉進物質生命做同樣的思考模式，造成精神生命與物質生命同樣的矮化。如此一來，永遠無法擺脫現實的輪迴，無法進入到另一個境界。有人一生當中沒有認真思考過精神生命是什麼？縱使有宗教信仰的人，也不清楚神所要體現

的，要我們領略的核心價值，要我們學習的終極課題是什麼？

講到「無私」陳義太高，我們物質生命一旦成立就注定了有私。應該說是「包容」，包容自己，同時也包容異己。《周易‧繫辭上第一章》說：

方以類聚，物以群分，吉凶生矣。

物質生命為了獲取生存的資源，有意無意的必須和他人形成某些方面的相對關係。而這些相對關係打從「我」一出生開始就成立了，並一直走到生命的終點。生存必須接受物質資源的有限條件，這是我們所處環境的自然法則。現實的客觀條件，如果再加上人性的黑暗面，因此產生更多的對立、競爭、矛盾、衝突等等，呈現出種種不美好的人事物。如果我們的精神生活在這樣的格局下混戰下去，可以說永無寧日。我們的物質生命被設定幾十年寒暑是有其意義的，就是便於讓我們觀察「不管物質生命具備多少條件，爭取到多少資源，一輩子就是這樣」。我們的物質生命和許多物種比起來短暫的可憐，更遑論和地球、宇宙的生命相比，更是比一眨眼還不如。因此我們必須，也有能力省思物質生命是不是來到這世界的主要目的？如果不是，那麼屈就在物質生命之下的精神生命更是用錯了方向。

任何宗教、靈修的方式都是「借假修真」。撇開宗教、靈修這層關係，也可以說我們有了這個物質生命也

是在「借假」，藉由有限的物質生命持續不斷的把精神生命養大，放大格局。放大格局就必須學習異中求同，就是「修真」。2012年所謂人類文明再進化的論點，就是在提升人類的精神生命，其實道理很簡單，也就是過去我們是站在地球上看太空的「四維度」概念，必須轉變為站在太空中反觀地球的概念。以我們現在的科技，這是物質生命辦不到的事情，但是我們的精神生命可以辦到，我們必須用全息的角度來觀照我們的心思欲念、地球，甚至宇宙。因為在全息觀照下我們的心思欲念、地球，甚至宇宙都是相同的生命體，是沒有差別的。否則我們的精神生命和物質生命綁在一起，困在各種意識形態的枝節紛擾當中無法自拔，當物質生命走到了終點，憑什麼前往西方世界？憑什麼上天堂？憑什麼佛、菩薩來接引？憑什麼天使來接引？大家都講「愛」，其先決條件就是放大精神生命的格局，也就是「包容」。沒有「包容」為基礎的愛，就會發生意識形態，就會有國際間的衝突，人際間的紛爭，宗教間的歧見，幾千年來的人類故事不都這樣寫的嗎？

十二之三

根據我的經驗，有的時候當別人知道你學過《易經》，而對方對《易經》沒有任何概念，也會好奇的提問《易經》是什麼？這是因為《易經》的名氣太大，而且充滿神祕色彩，不懂的人當然也想要一窺究竟。不過

學過《易經》的人都知道，這不是三言兩語可以交代清楚的事，對於一時好奇的提問也不宜作長篇論述。我也曾經對此感到困擾。若說《易經》講的就是「不易、簡易、變易（交易）」，這麼講其實跟沒講一樣，似乎需要有一個具體簡潔的定義，縱使對方聽了仍不明白，卻能知道你已經作了完整概括的表達。我覺得《易經》的定義可以這樣表達：

　　《易經》（《周易》）講的就是不易、簡易、變易（交易）。

　　什麼是不易、簡易、變易（交易）？

　　不易就是道理，道理原則是不會改變的。

　　簡易就是方法，利用簡單的方法。

　　變易、交易就是變化，人事物的變化現象，未知轉變為已知。

　　具體完整的講法：

　　《易經》（《周易》）的道理（不易），就是透過演卦的簡單方式（簡易）將未知的人事物轉變（變易、交易）為已知的人事物。

　　就和我們受教育的過程一樣，求學的過程也是將未知的人事物轉變（變易、交易）為已知的人事物。只是我們不瞭解演卦方式和《周易》的特殊語言，造成學習上的極大障礙。我們經常講《周易》很玄，其實「玄」的意思就是未知，所以《周易‧繫辭上五章》說「陰陽

不測之謂神」，因為未知而覺得神祕，知道了就不覺得神祕。**演卦是可以求證的，是有邏輯可以推演，這並不神祕，神祕的是到現在還難以求證的無形界。**

十二之四

　　電視節目傳來知名主持人陳文茜與某位整形醫師分手的消息，著實吸引我的目光。原來去年就傳出了消息，那位曾經交往六年的醫師，由於最近就要結婚了，再次把兩人分手的事情炒熱了起來，看來我這個「八卦王」的消息也不怎麼靈光。主持電視節目，分析國內外政經形勢向來頭頭是道，被譽為「台灣最聰明的女人」，陳文茜絕非浪得虛名，她在媒體前的表現大家有目共睹，這方面就不必贅述了。分手和結婚一樣，一定會有些理由支持這樣的決定，而且大都老調，這也不是我想借題發揮的重點。只是這件事觸發了以前在占卜的時候，經常會面臨的情況，就是占卜自己的事情準確性總是偏低。

　　「換了位置就換了腦袋」是句經常被使用的政治語言，比較明確的說法應該是「用左腦思考事情，還是用右腦思考事情」，或者是「以理智主導感情，還是以感情主導理智」。那個難以察覺的微妙出處，所形成的推論過程，乃至最後的結果往往大不相同。當然我們無法在同一時空來呈現不同的結果，所以才會有所選擇。

　　原先感情的事向來都是右腦在處理，一旦交給了

左腦處理，事情就會產生變異。通常該用理智處理的事情，居然被感情搶了過去，事情同樣也會產生變異。

我想每個人同時具備了左右腦，不可能凡事都以單純的理智，或者感情在思考問題，而是在抑制與發揮的能力表現有所不同。覺知與自己愈是有利害關係的事情，基本上這個理智與情感，抑制與發揮的過程就愈發頻繁，愈發激烈。

然而在生活中也會接觸到相同屬性的事情，是以理性分析（批判）對方，以感情（諒解）看待自己，慣性的思考模式下，加上抑制與發揮的落差過大，自然而然就會產生明顯的意識形態。

人們在造成事實之後檢討得失，而往往在那個難以察覺的微妙出處，就已經埋下得失的種子，就像基因出了問題，即使名醫妙手也難以回春了。

十二之五

《周易》演卦講吉凶悔吝。吉凶者，未來式。悔吝者，過去式。後悔、可惜、遺憾，這些感覺都是回想過去所發生事情。**然而在《周易》爻辭裡，「吉凶」和「悔吝」都在扮演預測未來的警語，只是用不同的表達方式來假設不同的狀況。**例如「不會後悔」，或者「曾經後悔，後來就沒有後悔了」，爻辭就用「悔亡」來表達。「悔恨消亡」，現在那有這樣的講法，尤其是看到「亡」這個字，都不會認為是個吉祥字。其實「亡」在

古早是用來表達「消失」的意思；後悔的感覺消失了，也就不後悔了，這樣不是很好嗎？因為古人用的字、詞、句，以及文法、文意，和我們的用法習慣有一定的落差，所以給人感覺不親切，這是我們必須克服的。

　　困難的還不只這樣，初學者甚至還沒體會到，不同版本的《易經》就有不同標點斷句的方式（只要是古書都會有這個問題，因為古書原文沒有標點），這部分我也不敢自稱所寫的一定正確。課後和學員閒聊，他說《周易》的文字夠讓人頭疼了！如果沒有翻譯成白話文，幾乎都不曉得意思，何況意思還要和卦爻符號互相呼應。我懂這個難處，應該說我也是這樣走過來的。**目光浮光掠影似的一掃而過，看看《易》傳或許還可以，如果不懂文字的意思（還有意思當中所蘊藏的深意），不懂演卦的道理，那麼就很難達到學習《周易》的目的，也就是將《周易》的道理，應用發揮在各種事物上面了。**就算整個課程結束了，還是必須靠個人不斷的精進，才能活用這部經典，這才是《周易》致用之道。學任何東西都是相同道理，學了之後若沒有反覆使用，時間一久就會生疏，不但無法精進，甚至還會退化，要深解《周易》這都是必須下的功夫。

第十三篇

十三之一

　　進入《易經》中階課程，先由學員來裝卦，我再依卦講解。由於這樣的改變，範圍加大，我在備課方面由原先的主動轉為被動，形勢相對不利，根本無從準備起，只好靠平常下的功夫隨機應變。能夠讓學員多些練習，即便造成困擾也是值得的。請了一位學員上台，學員說真有事要問，而且也取了一卦。我問何卦？學員說是（☷☲）晉卦六三。我問可以說明事由嗎？他說想瞭解七月底的證照檢定考試如何？我笑著說最好考試前不要占卜，「伸頭一刀，縮頭一刀」，反正躲也躲不掉，這一刀總是要挨的。**如果是占卜到好卦，增加了信心，卻少了戒心；卜到不理想的卦，多了戒心，卻影響了心情，感覺沒有什麼好處，還是不要占卜，就按照自己的方式準備**。我想學員也應該看的出來晉卦六三陰爻居陽位，不中不正，準備的情況並不充分。我的說法比較保守，因為距離考試日期大約還有一個月的時間，不必太早下定論。學員說真的準備不夠，要讀的書好厚一本，也曾考慮是否暫停上《易經》課，用來看考試的書。

　　學員說的並不誇張。晉卦六三位在下卦的最上方，就像已經站在攻擊發起線，應該要做好衝鋒陷陣的準備，陰爻為虛，表示學員準備尚不夠充分。六三依附九四，表示考試必須讀書，然而相對立場的六五順著九四與六三比附之勢前來，也就是隨著讀書應考的關係，已經對學員形成了壓力。

　　學員問可不可以另起一卦，占卜考試的結果如何？一如我先前所強調的，占卜得到不理想的卦會想要逃避。我笑著說：「可以啊！不過依我的經驗，應該和前面所占卜的結果差不多。」

　　學員第二次占卜得（☰）履卦九四。九四陽居陰位，也是不中不正，夾在上來下往兩股勢力的中間。然而爻辭寫的是「終吉」，明顯與卦象所示有些出入，也許這就是我對履卦九四下了個**「靜（不）吉」的原因，「不」之所以加上括弧，也就是說目前下結論似乎言之過早。**

　　另一位學員說和之前所占卜到的晉卦六三差不多。我說要好一點。履卦九四與六三親比，晉卦六三與九四依附，都有比附的現象，書是必須讀的，不過在準備功課方面可能要調整一下。另一位在大學任教的學員說：「讀書方法改變一下，或許可以找有經驗的人，打聽一下出題的方向，像朱老師寫的書這麼厚，不過都會把重點標示出來，那是因為上課時間太少的關係，沒辦法全部講完，就像你現在準備考試的時間有限……」

　　這時學員才想起還有一些「秘笈」，也許可以先從「秘笈」下手。中階課程的第一堂課就在大家七嘴八舌中結束。我只想到現在不是預測結果的適宜時機，卻沒想到還能提供一些比較積極面的建議。事後認真回想，**或許占卜到爻辭與卦象之間有落差，也就是一旦出現「靜（不）吉」，難以確認靜吉還是靜不吉，仍有爭取與努力的機會。**以學員考試為例，他可以選擇放棄（但

在一般常態下這個選項是不會被接受的），也可以改變策略，加緊看書的腳步，多方打聽消息，換個讀書方式，**無論如何此時不是預測結果的適宜時機。**

十三之二

由於上課場地有數位播放設備，也有網路設備，一時興起在上課之前先播放一段中國央視製作的「國寶檔案」之「山東博物館藏甲骨片」影片。這讓我聯想起出土的殷商文物，不論是「卜骨」、「卜甲」，至今都沒有證據和兩儀、四象、八卦、六十四卦的「三易」有任何連結。這些甲骨文〈卜辭〉是根據遇熱後的甲骨所形成的裂紋占斷吉凶，那麼又是以怎樣的裂紋狀態為占斷吉凶的依據，相信很早以前就已經無人能解，成為真正的「天書」。雖然影片內容和《周易》沒有直接關係，卻可以透過生動的影音，活潑一下教學方式，多少讓學員感受一些接近那個時空環境下的實際物品。畢竟以國家資源充沛的人力、物力、財力所展現出來的研究成果，是值得我們花幾分鐘的時間觀賞，能借用到的就盡量取來用，總比我一個人上課唱獨角戲要強的多吧！

十三之三

請學員練習裝卦，取出今天要講解的卦別。學員提出以實際占問的事由比單純的練習要有趣多了。好

是好，我是擔心取到過去講過的卦別，講解起來又要耽誤課程進度。一位學員以預測明天股市行情，卜得（☰☲）同人九四。就同人的整體形勢分析，優勢的一方在上卦（下卦相對處於劣勢），所以形勢的走向是由上往下而來。九四爻辭寫著「乘其墉，弗克攻」，意思是九四雖處在相對優勢的一方，卻不宜妄動。陽爻有動能，卻處在適宜觀察不宜行動的爻位，而且受到動爻九五的影響，又處在優勢的一方，觀察所得認為形勢大好，大大提升了行動的意願，也就大大提高了判斷錯誤的機會。所以我預測明天股市大盤會下跌，請學員觀察就好，不要進場操作。

下課後在回程的途中想到，同人九五既然在天位，又是可以「前來」的動爻，又居於優勢的一方，不見得明天股市大盤走勢是下跌的格局，也有可能是上漲的格局，但不論是上漲還是下跌的格局，對九四而言都不宜進場操作，這個基本原則是不會錯的。啊！預測之事貴在「早一步」，但這「早一步」有可能是正確的，也可能是錯誤的。學員表示起先占卜預測還蠻準的，但最近幾次失準。我不懂股市，也不清楚他是如何做判斷的，下次要找機會瞭解一下，或許從中能夠找出一些靈感。**同人九四提示了人處在相對優勢的時候，容易失去戒心而疏於防備，其實《周易》爻辭裡頭顯示這種觀念還蠻普遍的，就像我們人事當中，往往犯錯都是在相對優勢的時候；相對劣勢的時候，犯重大錯誤的反而不多見。**優勢的時候如何持盈保泰，劣勢的時候如何轉敗為勝，

道理都在《周易》演卦裡頭。

⊙ 十三之四

這幾天把學到的玄空地理整理一下。最後得到的結論是：**「玄空地理表面上是以配數為工具，實際是以五行生剋為依據。」**

然而這個觀念老師在上課的時候並沒有明講，是我把看似繁複的配數喜忌全部表列出來，利用五行生剋的原理一一加以比對驗證，並且將以上的結論告訴了同在學習的朋友。朋友跟老師學習的時間比較久，而他也表示未曾聽過這樣的觀點。朋友說：「當初邀你來學玄空地理的想法，也是因為你懂《易經》，入手會比別人快，沒想到還能夠激發出新的觀點。」

我的推敲判斷，這並非新的觀點，種種跡象顯示，發明這套堪輿術法的人，相當清楚數術運用的根據來源，只是在傳承的過程中沒有點破而已。

我們習慣把「陰陽五行」合起來講，實際上陰陽與五行的源頭分屬不同的兩套系統。可以這麼說，在《周易》裡頭「河圖」只是「繫辭」當中提到的名詞，《禮記》、《論語》當中都有提過，卻也和《周易》一樣，並沒有任何具體的說明。到了宋朝，博學多聞、學養豐富的陳搏發揮了想像，連同「河圖」、「洛書」等，加入了黑白點，井然有序陳列出抽象的黑白點群組，讓人根據其中的數理、五行產生各種變化運用的道理，由於

「河圖」開啟了這個窗口，就這樣《周易》的陰陽觀念巧妙的和五行有了連結。

　　反觀《周易》全書內容並沒有提到「五行」的觀點。也就是說，《周易》的創始者並沒有五行的思想，乃至後人加入的諸傳，也並沒有補充這樣的觀點；陰陽與五行，這時候大概還是處在橋歸橋、路歸路，各自發展的階段吧？

　　「陰陽五行」經過系統化的論述，有機式的連結起來，其使用不但擺脫了《周易》原有的演卦形式，自成一套新的體系，並在歷史悠久的演化過程中，逐漸的漫延開來，全面主導了中國人的思想觀念，表現在宗教、藝術、政治、軍事、哲學、民生、經濟，成為中華文化當中的一大特色。我們通稱「五術」的山、醫、命、卜、相，如此龐雜的傳統數術技能，陰陽五行成為其中最重要的立論基礎，這也是理所當然的事情。

　　五行生剋的理論運用範圍幾乎涵蓋所有的數術技能，具有舉足輕重的地位。縱使講些基本的理論應用，總會用掉若干時間，而且我所講的《周易》演卦也沒有實際用到，為了避免造成學員觀念混淆，還有課程「灌水」之嫌，開課之初已經決定不講這部分的內容。現在想想又覺得有其必要，一來學員對《周易》已經有了一定程度的瞭解，二來也必須擴充一下學員的認知領域，何況早就有學員提出這個要求，下堂課就以講解五行生剋理論，以及五行生剋與河圖、洛書、先天八卦、後天八卦，還有一些傳統數術技能的應用方式。

第十四篇

🪙 十四之一

學員們的回饋愈來愈多了！而且其中一位女性學員解卦的能力令我讚嘆不已！我正在教室外和講授地理風水的老師閒聊，突然有兩位學員前來把我領到教室裡。原來有位學員昨天參加某機關公職考試，學員們聚起來起哄，要這位學員起卦占卜考試的結果，得（䷘）无妄六二，要我來解這個卦。學員看到「无妄」二字，開玩笑的說「无妄」就是沒有希望囉！我說不是這麼解，「无妄」就是不妄為的意思，而且无妄六二是很特殊、很有趣的一個爻位，值得細細玩味。六二爻辭說：

六二，不耕穫，不菑畬，則利有攸往。

六二為陰爻，陰爻空虛無實，所以「不耕穫，不菑畬」的意思是可以理解的，但妙就妙在「則利有攸往」這句話，**我們知道陰爻沒有動能，必須有陽爻引動，在六二的上方六三也是陰爻，六三自己也沒有動能，又如何能帶動六二呢？**目標焦點指向初九，初九是動爻，雖然居於六二的下方，地位不如六二，但是六二之動必然需要初九的帶動才有可能成立。

我說有可能錄取，但是名次不會在前面，可能剛好達到錄取的門檻。這位女性學員一旁聽了以上的分析，突然插話：「有可能是候補上來的。」

「哎呀！果然厲害！」我大大讚嘆這位學員的解卦

122

功力，真是可造之材。

六二與初九之動都不出下卦的範圍，也就是說二者都有可能是候補上來的。而六二必須跟著下方的初九而動，有可能是增加錄取名額，要錄取初九，必須也跟著錄六二。結果是不是這樣，就等著看放榜結果。這位女性學員所展現的學習成果，真叫我喜出望外。

我告訴應考的學員可以透過禱告或是到廟裡拜拜，藉由無形的力量來提升自己的能量。**這是我的獨門心得，而且在《周易》裡也有所根據，卜得二位、五位，可藉由無形的力量消災祈福，古人如法，今人亦可效之。**

十四之二

收到一封學員寄來的mail，上面寫道：

朱老師：

朋友聚會聊天中，得知我最近在學《易經》，朋友就想卜卦請教，朋友公司剛開幕，想請問公司未來是否會賺錢？卜得（䷄）節卦六四。

另一個朋友問：今年不景氣，公司能否賺錢？卜得（䷯）井卦上六。再煩請朱老師幫忙解卦。謝謝！

第一個問題，卦名「節」就很有意義了！就是「節

制」的意思。(䷺)節卦六四爻辭:「安節,亨。」已經說明以節流為首要。

六四頗能符合公司剛開始運作的狀況,剛剛踏入新的領域,有很多疑問顧慮有待觀察,不宜有能力不及的大作為,一切要量力而為。而且六四為陰爻,無論在財力、物力、人力,軟硬體設施上面多有不足,在成本上要懂得樽節,減少不必要的開支,浪費更不宜。六四夾在兩股勢力的中間,但壓力並非強烈,陰爻陰位得正,朋友應該還承受的了!也懂得觀察之道。

六四象傳補充說:

安節之亨,承上道也。

「承上」之意,就是六四依附九五,好好把握既有的客戶,客戶是衣食父母(也可能是有能力幫的上忙的長輩親友),不敢保證大發利市,只要經營得法,也是小康的局面。另外還要強調一點,九五、九二都是動爻,九五前來六三,九二前往六四,如果有人要他轉投資,或是從事新的事業,千萬不要受到影響,現在出資跟進不會有好的結果,好好經營本業為要。

第二個問題,(䷯)井卦上六是個吉占,爻辭寫道:

上六,井收,勿幕;有孚,元吉。

水井的工事已完成，正是發揮汲水功能的時候，所以「井收，勿幕」。意思是說：「上六隨著九五與六四比附之勢前來」，是可以擺脫不景氣的影響；然而上六動爻這個活動範圍是在上卦之內，並沒有來到相對立場的下卦，也就是說不必費心開發新的市場（或是去爭別人的市場），而是專心經營即有的客戶，藉由客戶的關係引入更多機會。時機歹歹，小錢也要賺，積少成多，也是一筆財富。若想賺取更多利潤，由於是藉助他人之力，經營的方式必須更有彈性，靈活一點，這樣機會多一些。

十四之三

網友「somy」在「Facebook」貼文說：

發覺我們的社會對小三現象挺包容的。應該說根本就是承認小三是傳統家庭中的合法現象。怎麼說咧？如果各位篤信算命，就會發現有的算命師會在幫某些女子算命時說：「咳咳！你的命中是人家細姨的命。」或會對大老婆說：「你命中就是要與人共夫的命。」或者算命師會對某花心大蘿蔔說：「你命中就是該有三妻四妾。」

所有婚姻中的三角紛爭，往往被算命師的鐵口直斷給化解了。至於真正三角關係中的糾纏仇恨，誰管你呀！關起門來打死了，也沒人在意。所以大多數人就接

受這樣的社會現象。遇到了就很認分的去接受了，因為全推給命運。東西方文化的差異在小三現象當中看得很清楚喔！

《周易》（☷）歸妹初九爻辭是這樣說的：「歸妹以娣，跛能履，征吉。」「娣」者，就是妹妹隨著姊姊一同出嫁成為側室。顯然納妾的習俗在中國由來已久。但不論妻妾都是正式的婚姻，在法律上都有效，只是地位等級有差別。納妾在過去是也被習俗所接受，也沒有道德方面的問題。現在我國法律明文規定一夫一妻制，所以這種古時候的婚姻現象我只是拿來當研究。**如同一些算命的術法，也是先人累積相當數量的經驗所得到的結論。然而在現實生活中我也從不認為，命理可以說明一切。**我想有人批命時如此論定「小三」命，但現實中並非如此；此外，批命時看不出來，現實中卻這麼發生的也是大有人在。過去法律道德寬鬆，現在法律道德緊縮；過去社會風氣保守，現在社會風氣開放，如此一來一往的落差，呈現這樣的社會現象也不感意外。若說算的準，不如說命理師社會經驗老到，閱人無數，善於分析歸納。

學員曾經說：「何必為人擔因果呢！」其實這也是我在上課時講的觀念。學過《周易》懂得辯證的道理，都知道事事無絕對。**由於《周易》演卦有辯證的理論根基，有選擇性，在思考問題的基礎上與一般傳統算命截然不同，所以我才極力主張不能只把占卜當成算命**

來看。學《周易》的人要避免如「somy」所說的命理師常以「你就是如何……」，這不單是擔因果的問題，因為一般問卜的人本身就常有「我就是如何……」的觀念，如此一來，在解卦的時候我們很容易落入了問卜者所設定的範圍，處於被動而難以發揮的窘境。所謂「富燒香，窮算命」，會來算命的當然是心中有所疑慮難以排解，在這樣的立基點上，命理師已經取得了不敗的地位，憑著命理專業和察言觀色的豐富經驗，並不難得知過去的情況。但問題是未來呢？命理師還是要指點迷津，告訴該怎麼做，求問者是否言聽計從，那就不得而知了。不過根據我的經驗，人往往是聽自己想聽的，真正的重點不見得聽進去了。

為何我會提出「全息觀照」這個理論來要求學員？原因就是不被問卜者的提問方式影響到，應該居於主導的地位，憑著我們對《周易》演卦的深入理解，客觀的反映在問題上面。「全息觀照」還可以自我檢視對《周易》演卦的深入程度，這方面的訓練與修為，對某些人而言不難，但對某些人而言卻是一個艱辛的過程，我是屬於後者，所以才會提出這樣的觀點。

是不是該包容「小三」的行為？我想這要分為法律、道德（這裡指社會價值觀，道德與法律有互相影響的可變性）、生命教育三方面來看這個問題。大家生活在這個環境久了，法律與道德如何看這個問題，應該有一定程度的瞭解，所以我就不提了。就生命教育來說「聖人也有過去，罪人也有未來」，關鍵是在於人的

心、信、行。《聖經》裡描述耶穌基督拿起石頭朝著憤怒的群眾說，認為自己沒有犯過罪（錯）的人，就可以把手上的石頭砸向那名通姦的女子，結果再也沒人敢丟出石子，憤怒的群眾散去。這個動人的故事裡頭，耶穌基督並沒有譴責任何人，為何犯罪（錯）的當事人，參與懲罰的群眾，都能反觀自照心、信、行？耶穌基督憑藉什麼化解衝突暴戾而轉向和平的局面？祂所展現出的是智慧、勇氣、慈愛，祂的包容已經超越了人類的罪與罰，這就是耶穌基督不同常人的偉大之處。

🪙 十四之四

學習《周易》不是要比誰偉大，而是在自我修為上吸納學習別人的偉大之處，基本上並沒有和任何宗教產生衝突。《周易》就像一口空袋子，要裝什麼東西進去完全在乎個人。《周易》演卦講的是道理，這方面和命理、地理風水，和許多凡塵俗事一樣，甚至一些講經傳道的宗教家所講的道理也是如此。**道理並不是真理，因為道理有相對性，是可變的；而真理是絕對唯一不變的，如果真理可以改變，有例外的話，那麼這所謂的真理，其實只是道理而已，這就是道理與真理的差別。**很多人錯把道理當真理講，也就很多人錯把道理當真理聽，所以局面才會愈來愈混亂。人們也只能在道理的層面你來我往，互為消長；真理的層面是完全不受人類掌控轄制，在真理之下的人們只有被動接受，無法拒絕。

在道理的層面就像陰陽消長一樣，要爭大家就各憑本事吧！

《周易》、命理、地理風水並不能說明一切。任何法都是一樣，都有其限制，有其不及之處。**學《周易》的人要明白這個道理，不可以自我膨脹到無以復加的地步。**如果我們都這麼神的話，請問該把無形界的神擺在那裡？這樣的心態是不正確的。所以**自大、自誇、驕傲、傲慢在神看來都是罪（錯），因為如此的心思欲念、言語行為，已經冒犯了神的領域，會有不良的後果。**所以西方諺語：「上帝要毀滅一個人，必先使其瘋狂。」從事玄學工作，或是瞭解玄學的人要牢記這點，這是在保護自己。否則懂得玄學也未必是件好事。

十四之五

常聽人家說：某某人在學《易經》，或是從事《易經》研究。實際瞭解後發現，他們所學的，所研究的是《易》學，而非《易經》（或者《周易》）。如果傳說之人本身沒接觸過，不瞭解什麼是《易經》，什麼又是《易》學？會如此傳述是理所當然的，但許多人學過之後也搞不清楚這兩者的區別。照理來說，《易》學所涉及的範圍涵蓋了《易經》，並將《易經》所揭示的道理、方法擴而充之，加以運用發揮在不同領域的事物上面。事實上，自漢代以降一直就是這樣，到了宋代充分發揮《易》數的理論將五行觀念吸納進來，於是《易》

學得以發揮的面向就更加寬廣了，形成一波《易》學理論與應用的創作高峰。

　　不過，如上所述的，**在《易》學逐漸展開的同時，也正是《易經》逐漸衰微的過程。《易》學與《易經》兩者並非與時並進，所呈現的是此消彼長、弱幹強枝的局面。**我們可以請教一下這些學習或是從事研究的人，就曉得他們所謂的《易經》都有那些內容。

　　對方可能會說先天八卦橫圖、先天八卦圓圖、後天八卦圓圖、河圖理數、洛書理數、十二辟卦圖、六十四卦方圓圖，再則八卦配五行、干支、抽爻換象等等，以及林林總總、變化萬端的術數方法，這些都是宋代以後研創出來的《易》學，拿著這些宋代的《易》學回過頭去講周代的《周易》、漢代的《易經》能講的通嗎？隨手翻開一頁，（䷥）睽卦上九爻辭：

　　　上九，睽孤，見豕負塗，載鬼一車，先張之弧，後說之弧；匪寇婚媾；往遇雨則吉。

　　好吧！縱使懂得爻辭字面上的意思，那又如何在睽卦的符號（䷥）上面來做解析呢？別說我在出難題，**因為爻辭的文字就是根據符號而來，當然還有符號背後隱藏的多重涵意，但可不是宋代的那些《易》學理論可以解釋的了。**如果是這樣的話，應該正名說：「我學的是《易》學，而不是《易經》。」

　　又說這是占卜小道，無關《易經》宏旨。是這樣

嗎?既然無關宏旨,去掉三百八十四個爻辭和爻象傳,那還能說是學《易經》,或是研究《易經》?

若說《易》學是與時偕行,不斷的創新研發,我絕對舉雙手表示同意。若說對《易經》的研究是「遵循古法」的話,那倒要看看是怎樣的古法。宋代《易》學對周代來說是創新研發,但宋代、周代對我們而言都是古法;而我們現在所研究出來的《易》學理論與應用,對宋代、周代而言都是創新研發。《周易》是周代的產物,用宋代的《易》學來解說周代的《周易》,能說的通嗎?因為它們之間內容的差別太大了!

怎麼會呢?先天八卦橫圖也是根據《周易·繫辭上十一章》:

是故《易》有大極,是生兩儀,兩儀生四象,四象生八卦,八卦定吉凶,吉凶生大業。

河圖理數也是根據《周易·繫辭上九章》:

天一,地二;天三,地四;天五,地六;天七,地八;天九,地十。天數五,地數五,五位相得而各有合。天數二十有五,地數三十,凡天地之數五十有五。此所以成變化而行鬼神也。

這些宋代創作出來的圖式在《易經》裡頭都是有根有據的啊!

如果知道舉這些有利的證據，來支持所學的是《易經》，或是研究《易經》的話，那麼更應該知道《周易·繫辭上二章》：

是故君子居則觀其象而玩其辭，動則觀其變而玩其占。

不懂演卦的道理，請問要如何「觀象玩辭，觀變玩占」？這很簡單是嗎？單看爻正不正，得不得中，應不應，這樣就可以了嗎？還是拿干支、五行、六親、六獸，這不就又回到了拿宋代的《易》學去解釋《易經》原本就沒有的東西嗎？如果演卦都這麼解釋的話，《易經》衰微至此，《易經》與《易》學混淆不清，亂成一團的現象更加不足為怪了！現在打著《易經》的招牌，講起《易》學旁徵博引，說天談地，滔滔不絕；或是從事命理、風水等相關傳統行業的大有人在。一旦要深解經典就綁手綁腳，左支右絀的人也不在少數。

先搞清楚自己學的是《易經》，還是《易》學；或者說：「我學的是《易》學，而不是《易經》。」這樣聽起來我的心情也會比較好過一點！

🪙 十四之六

陰遇陽，陰爻遇上了陽爻，陰爻依附陽爻；也可以解為「陰用實」，陰爻本身空乏，需要的是實質層面的

東西。

陽遇陰，陽爻遇上了陰爻，陽爻親比陰爻；也可以解為「陽用虛」，陽爻本身健實，需要的是精神層面的東西。

有時候不是我們沒有助人的心，而是助人的方式不對。對於精神苦悶的人，他的問題不是出在物質上面，而是出在觀念上，給予開導的作法是適宜的。對於生活物質困乏的人，口惠不實惠是沒有用的。講了滿篇大道理，不如先濟之以物，窮困的人多半也是精神苦悶的，然後再予以寬慰，這樣的作法才是適宜的。

善於觀察的人，很快的就能找出問題的關鍵，並且掌握正確的先後順序，有能力適時提供幫助，沒有能力就保持緘默，這就是智慧。不善觀察的人，做起事來總是徒勞無功，甚至適得其反，原本的一番美意成為彼此都在受氣受罪，這就是愚昧。

智慧與愚昧，巧與拙往往不在於動機，而是表達方式適宜與否有所區別。

那麼類似（☳）歸妹「**初九順著九二與六三比附之勢前往**」這樣的情況，對初九而言，他是需要精神還是物質的幫助呢？這就是接下來要考驗學員觀察與分析能力的問題。

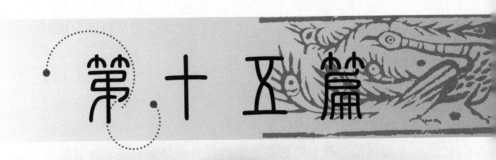

第十五篇

十五之一

　　上課之前和學員閒聊，他說很奇妙的是《易經》經過了幾千年之後，我們今天用的六十四卦並沒有增減，當時就已經這麼完備，他懷疑這應該不是那時候人類應有的智慧。

　　誰說不是，有研究古文明的學者合理懷疑，六十四卦可能是上次文明毀滅後所留下來的，或是天外高度文明的產物，將此智慧傳給地球人的。這些論點在過去都屬無稽之談，但隨著太空科技日新月異，反而成了值得探索的議題。例如，有人提出了月球上面有宇宙飛行船殘骸的證據，有人認為月球永遠背著地球（月球不會自轉）的那一面，有外星人的太空站，甚至在過去的文明，地球人已經到月球建立了基地，或是移民，愈來愈多這類的推測，讓原本寂靜的外太空世界，變得熱鬧有趣起來。

　　根據太空物理學家用當今的科技儀器檢測推估，自大爆炸產生宇宙至今，也就是宇宙的生命約450億年，地球的生命約有50億年左右，對人類而言這都是無法想像的天文數字。這個天文數字，讓原本嗤之以鼻的遠古傳說、難以理解的古文明考察、疑雲重重的神祕學，難以拼湊的謎團頓時燃起了希望，好像都可以找到合理的答案。就是因為我們的認知擴大了範圍，這麼長久的時間，這麼廣袤的空間，還有什麼事情不可能發生？

　　我曾經看過一本著作，就是把六爻卦上面再加上六

爻卦，成了十二爻卦，就像重疊兩個三爻卦成為我們現在使用的六爻卦的道理一樣。但我實在看不出十二爻卦的道理所在，似乎也沒有推廣開來的跡象，畢竟這已經超越人類的知識範圍，難以理解其中的道理。

東漢・焦延壽所著《易林》，是一本了不起的《易》學作品。他以「爻變即卦變」抽爻換象的概念，把每一卦演變成六十四卦，即64的二次方，$64 \times 64 = 4096$種變化。抽爻換象在春秋、戰國已經是普遍使用的占卜方式，若以完整而有系統的表列整理，《易林》是唯一的代表作品。接下來就要看宋代的表現了。

宋代《易》數的創新研發，是繼《易》圖之後另一個了不起的《易》學成就，實際上《易》圖與《易》數兩者是密不可分的。根據河圖理數編排出來的五組數字，這五組數字的主要目的是利用河圖數的組合觀念，為先天八卦與五行建立連結管道：

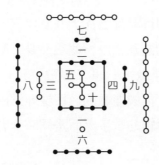

一六共宗位居北方，黑色，五行屬水。
二七同道位居南方，赤色，五行屬火。

三八為友位居東方，青色，五行屬**木**。

四九作友位居西方，白色，五行屬**金**。

五十同途位居中央，黃色，五行屬**土**。

再根據河圖數的陰陽，搭配了「位」的概念，專為先天八卦與五行量身訂制了一套理論：

乾象天，數一，由一五七合成之，五行屬**金**。

兌象澤，數二，由三五八合成之，五行屬**金**。

離象火，數三，由三十九合成之，五行屬**火**。

震象雷，數四，由一十六合成之，五行屬**木**。

巽象風，數五，由二五七合成之，五行屬**木**。

坎象水，數六，由四五八成合之，五行屬**水**。

艮象山，數七，由四十九合成之，五行屬**土**。

坤象地，數八，由二十六合成之，五行屬**土**。

這套透過河圖數理為先天八卦與五行編排的理論，一組三個數字的號碼組成一個三爻卦，配上一個五行。而先前的河圖理數，一組二個數字也可以配成一個五行。由此可知，河圖理數的適用性非常廣，因為河圖的「理數」不是單純的數字，而是同時含有數字與位置的「數位」關係。

數位概念：

數位：0123456789，0～9顯示其中一個數字，10的一次方，共有10×1＝10個組合。

數位：0123456789，00～99顯示其中二個數字，10的二次方，共有10×10＝100個組合。

數位：0123456789，000～999顯示其中三個數字，10的三次方，共有10×10×10＝1000個組合。

依此類推：

數位：0123456789，0000000000～9999999999顯示全部數字，10的十次方，共有10×10×10×10×10×10×10×10×10×10＝10000000000個組合。

給0到9十個位置，就有百億個不同的排列變化群組，這也是個很驚人的天文數字！

我們反觀《易經》六十四卦，它的「數字」只有兩個（陰爻、陽爻），它的位置有六個（六爻位），數位：2的六次方，2×2×2×2×2×2＝64個組合，表示有六十四個變化群組，就是六十四卦符號。以河圖顯示的數位概念也足以應付，且綽綽有餘。

例如：

（䷊）泰卦，河圖取數一五七、二十六。
（䷵）歸妹，河圖取數三五八、一十六。
（䷶）豐卦，河圖取數三十九、一十六。
（䷟）恆卦，河圖取數二五七、一十六。

只要能說出道理，河圖取數的方式未必非得如此，洛書理數也是一樣。因為取數的方式非常靈活，大大提升了理論與應用的適用性。宋代《易》學的成就相當輝

煌，可以說繼周代《周易》之後，將《易》學推向了另一波高鋒。而我們現在所講的《易經》，即所謂的陰陽五行、《易》理、《易》數等等，絕大多數都是經過宋代加工過後，再研創出來的新《易》學產品，而真正的《周易》演卦方式，早在宋代之前就不知道丟到那裡去了？

⊕ 十五之二

解說（☵）節卦、（☴）井卦之後，學員說：「這樣看起來節卦要比井卦好？」

我想這樣的看法並不正確，那是在不懂各爻好壞的情況下，才會拿卦與卦相比較，實際應該以各爻的情況來論定好壞。《周易·繫辭上第一十章》

是故蓍之德圓而神，卦之德方以知，六爻之義易以貢。

意思是說，所以《周易》的蓍策圓通而神奇；《周易》六十四卦爻符號，以及推演的邏輯方正而明智，六爻的義意充滿變易（形勢變化）以示吉凶。也就是說，在一個六爻卦裡頭，每一爻的情況各不相同，不能單憑卦名的好壞斷吉凶，否則看卦辭就可以了（有的卦辭還真讓人搞不清楚是吉是凶），又何必要有爻辭呢？兩爻相鄰看似相近，往往情況好壞大不相同，這也就是繫辭

所講的「六爻之義易以貢」的妙趣。

（䷊）泰卦，看到這個卦名就知道是個好卦，與泰卦互為綜卦的（䷋）否卦，一看就知道是個不好的卦。（䷩）益卦是個好卦，與益卦互為綜卦的（䷨）損卦是個不好的卦。但是一個卦有六個爻，每個爻都有爻辭，六個爻的爻辭未必都好，也未必全壞，正說明了「泰中有否」、「否中有泰」、「益中有損」、「損中有益」的道理。所以不能單以卦名或者卦辭就論斷吉凶，這樣所獲得的訊息是不足的，而且也缺乏變化，少了演卦的樂趣。

十五之三

（䷳）節卦與（䷯）井卦，**為何節卦上六不能隨著九五前來六三，而井卦上六可以隨著九五與六四比附之勢前來？**上卦同樣都是（☵）坎卦，怎麼就有這樣的區別？

我非常佩服這位學員的觀察力！提出了我在研究《易經》上面真正的關鍵問題。因為這個問題已經涉及了六十四卦整體的演卦觀念，也就是說必須具備宏觀的眼界，才能深入探討這樣的問題。

我們看到節卦九五本身是動爻，以主動的姿態前來下卦的六三，去搶別人（下卦）的陰爻，基本上是不會帶著自己的陰爻前往。**我們打開「六十四卦形勢圖」可以看到，陰爻可以成為動爻的先決條件必須要有陽爻引**

動，而扮演引動角色的陽爻本身卻是不動的。換言之，陰爻本身沒有動能，完全是「借力使力」，如果要借來用的力（陽爻），連陰爻本身也沒有把握，又要如何使力呢？上六可以依附九五，九五移動了，上六卻沒法跟著移動。**這也說明了陰爻「依附」的條件比較寬裕，「移動」的條件比較嚴格。**

井卦上六就不同了，因為九五是固定不動的，上六是藉著九五與六四比附，順著這個形勢反而可以有所移動。這就是《周易》演卦的道理，如果不打開「**六十四卦形勢圖**」，全觀六十四卦的整體形勢，又怎能得出以上的結果呢？

雖然如此，也總有些例外的情形，如（☲☳）无妄、（☷☶）謙卦、（☱☷）萃卦、（☳☷）豫卦。當然，這四個卦的形勢是有比較特殊，除此之外，都是依循這個法則演卦。

🔲 十五之四

我也主動的反問大家，有沒有想到**為何節卦、井卦的六四都沒有順著九五與上六比附之勢前往？**同樣的，這也必須打開「**六十四卦形勢圖**」。我們可以看到令人眼花撩亂的圖表，基本上都是循著一個「**順勢而動**」的規律。《周易》六爻演卦就是這樣，一個爻的不同，一個位置的不同，就會產生不同的形勢變化。這就是《易經》為什麼不好學的道理所在，除非能夠把這些道理融

會貫通，否則就會產生思考上的盲點。

　　過去在寫《周易形勢學》的過程中，發現（䷞）咸卦九四的爻辭是這麼說的：

　　九四，貞吉，悔亡；憧憧往來，朋從爾思。

　　「咸」的意思就是「感應」。我們知道「應」的關係是初與四位、二與五位、三與上位如果是一陰一陽，就是陰陽有應；同為陰，或同為陽，則是不應。而爻辭上寫的「憧憧往來，朋從爾思」卻很有意思，於是反覆揣摩，再三玩味。**原來這個「應」的關係並不能產生實質直接的影響，它只能說是一種間接的、非物質，精神層面上的影響**。以咸卦九四來說，雖然和初六陰陽有應，中間卻受到九三的阻隔不能前往，所以爻辭才會有「心意不定的頻頻往來，朋友最終只好順從你的思念」這樣的意思。

　　因此，「應不應」的關係實際上透露了一個演卦通則，它並不是陰陽爻能不能採取行動的關鍵，更非判斷吉凶的依據。如果反應到現實生活中，確實也是如此，有時候我們想到的事並不一定能夠做到，做得到也未必會有好的結果。因為「感應」是很主觀的東西，我感覺不錯，做起來的結果不一定能如我所想的一樣。我現在覺得好，說不定待會兒就不喜歡了。我覺得好，別人未必覺得；我覺得不好，別人或許很喜歡。**所以《周易》演卦不以「應不應」作為採取行動和判斷吉凶的依據是**

很有道理的。

　　然而從咸卦九四獲得的訊息不僅如此，當時我的感覺「九四似乎在演卦的過程中扮演著某種關鍵的角色」。經過長期深入研究，我的發現是「**在下卦三爻全陽的時候，九四的動能向上；一旦下卦出現陰爻，九四的動能向下**」，除了（☱）萃卦的形勢比較特殊外，其餘都是依循這個法則演卦。因為這個現象的發現，六爻演卦的具體模式算是大致完備了，也才有後來的《周易形勢學》的研究成果。

　　自從上週課程結束後，一直苦思要如何來縮短學員的摸索過程，畢竟學員不可能耗費大量時間學習，必須建立一些輔助性質的整合教材，我想這就是身為老師的責任了。針對學員的學習狀況與需要，這個星期來我都在這個目標著力。很幸運的，「《周易形勢學》課程重點補充」、「《周易形勢學》內容補充修改」，還有「《周易》六十四卦形勢圖」三種補充教材陸續完成，相信這些整合性的資料，可以大幅提升教學品質與成效，協助學員建立起整體性的演卦觀念，順利突破學習障礙。

　　也是拜這次《易經》教學課程之賜，在完成「**六十四卦形勢圖**」之後，得到的訊息就更多了！原來「**不單是陽爻，在四位的陰陽爻，它們的基本形式都是向下**」，除了（☰）乾卦、（☱）夬卦、（☱）萃卦、（☳）大壯、（☵）需卦、（☳）屯卦，這六個卦的形勢比較特殊外，其餘都是依循這個法則演卦。**然而，不管**

是陰是陽，是動是靜，是向上還是向下，是主動還是借力，全部都要考量整體形勢的走向，然後才能「順勢而為」。

相信以上說的，看的人一定是滿頭霧水！所謂「無圖不成《易》」，文字堆砌再多，不如圖式在手。看圖解說是《易》學的一大特色，也是必須的。雖然如此，我仍有演卦方面的盲點，還是有無法解釋的地方。**對於這些無法提出解釋的盲點，我也只能從爻辭上面的意思作為依據。**在未參透其中道理之前，還是把這些不解之謎先劃歸為神的領域，不是我該知道的，就是這樣！

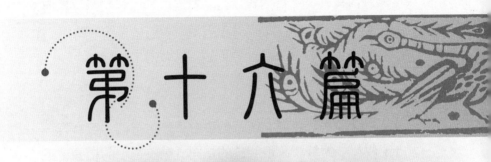

第十六篇

十六之一

　　一位先生想問公司增加會計人手如何？由其中一位學員代為占卜，得天雷（☰☳）无妄上九，爻辭是這麼說的：

　　上九，无妄，行有眚，无攸利。

　　爻辭告訴我們有所行動會有禍害，這個「行有眚，无攸利」的警語，很明確的指向「動不吉」的結論。**不過，我們特別要注意到「動」就是「變」的觀念。也就是說，問題的本身關係到舊局面的結束，新局面的開始，一旦付諸實現就無法回頭了，這樣的變動結果是吉是凶。**例如，我想辭掉工作，自行創業；我想結束營業，另起爐灶；我想結束一段婚姻，類似這種比較重大的決定。

　　晉用員工與否，問題不致於影響公司存廢這個層級，所以還得從「靜」的方面來看。无妄上九陰居陽位，不中不正；與九五陽遇陽得敵，沒有陰爻親比，得不到幫助，所以也是「靜不吉」的局面。於是我勸這位先生，如果情況不是很急迫，這件事倒不必急就章，緩一緩再說。

　　剛結束課程，有的學員趕著回家，我也沒太多時間思考詳解，回程的路上想了一下，其實還可以從中得到更多的訊息，只是人都散了，沒辦法當場求證。

首先，卦名「无妄」，意思是「不妄為」，公司會計管錢管帳很重要，不是隨隨便便有個人就可以了，必須謹慎為之，這是必然的。而且找人手不是只停留在「想」的階段（初位）而已，已經有找人的實際行動。上九陽爻，雖然主事者態度積極，卻心有成見，陽居陰位，可能都沒有令他滿意的人選吧！何況事情已經發展到末端（上位），又沒外在的助力，或有阻力（上九與九五陽遇陽得敵），我想目前並非進用人手的適當時機。

「動」與「靜」是指導方向的大原則，如果要作細部的解析，必須回歸到基礎課程所講的內容，綜合各種條件，這樣解卦才能靈活發揮。如果偏執某種方法，就會有綁手綁腳，施展不開的感覺。占卜的問題形形色色，不一而足，但是分析解讀的方式反覆使用的就是那幾樣。接下來完全是對《易經》內容的理解，以及六十四卦演卦的熟悉程度。當然，這是需要時間與自我訓練來累積經驗。

十六之二

說到（- -）陰、（—）陽爻在爻位上的表現，陽爻得陽位，陰爻得陰位，基本上「得正」就是「靜吉」，反之就是「靜不吉」。但是從爻辭的表現，看來並非每個狀況都是如此，這其中還有些學問。例如（䷣）明夷

六二與（䷣）渙卦初六爻辭所說的：

六二，明夷；夷于左股，用拯馬壯，吉。
初六，用拯馬壯吉。

明夷六二，陰爻陰位，居中得正，基本上已經具備「靜吉」的條件。雖然六二居中得正「靜吉」，但是陰爻的屬性「缺乏不足」仍舊存在，如果能夠依附九三陽爻，就好像一個傷了左腿股的人，借助健壯的良馬勉力拯濟，可獲吉祥。同樣的「用拯馬壯吉」這個爻辭也出現在渙卦初六。渙卦初六，陰爻陽位，一個實力不足，立基不穩的人，起步就夠令人憂心的，如果能夠依附九二，借助陽爻的幫助，同樣可以獲得吉祥。

從以上說明得之，**陽爻親比陰爻，陰爻依附陽爻，這樣的「比附」關係，也是判斷「靜吉」與「靜不吉」很重要的依據。**如渙卦初六本身的狀況不是很好，但獲得九二協助，還是可以轉禍為福，轉凶為吉。

這種得之外在助力的（--）陰、（—）陽爻在屬性上也有所區別。陽爻親比陰爻，得陰爻之助，基本上這個助力屬於非阻力，沒有明顯實質性的幫助。陰爻依附陽爻，得陽爻之助，這個助力就屬於實質性的幫助。如同我在前面「十四之六」的內容所說的。

《周易》提供各種思考辯證的模式，協助我們判斷事情，然而思考問題必須有層次且能完備。「動吉」的條件相對要比較高，如果不具備這些條件就是「動不

吉」。「動不吉」的時候，我們可以回過頭來研判目前的境況是「靜吉」還是「靜不吉」。「靜吉」的條件，有的是自立，有的是他助；或者兩者兼備，有的是都不具備。

然而有的卦象與爻辭形成明顯的衝突，難以明辨「靜吉」還是「靜不吉」，這時候就不要在這個設定範圍內打轉，放大範圍在「動」與「靜」的分析，這樣反而可以得到較為明確的訊息；至於「靜」的吉凶與否，則不必太過於強調。現況的吉凶處境，可以從形勢上面判斷，或是多瞭解事情的實際狀況，原則上都能獲得一些提示。

「相對」是《易經》理論的最大特色，然而在思考辯證的過程中，爻辭的表現方式，其完備性、層次性，以及發揮在實際應用方面顯然是不足的。**結果很重要，過程也同樣重要。**「《周易》形勢學課程重點補充」，就是希望能夠在思考辯證法則方面使其逐步完備，這也是《周易形勢學》苦心孤詣，始終不變的努力目標。

十六之三

2010年在完成《周易形勢學》之後，就想表列一張「六十四卦形勢圖」，卻不知道為何當初沒這麼做，或許機緣尚未成熟吧？現在把六十四卦各種形勢集中起來成為一張圖表，整張圖表佈滿抽象符號，看起來像極一張密碼表。完成之時，我也注視了許久，因為連自己

也沒料到會是如此壯觀！可說是《易經》史上，前所未有、獨一無二的作品。

　　看不懂的人，這些抽象符號並不具有任何意義；上過課程的人，只要瞭解演卦的道理，單憑這張表就可以全解六十四卦了。不過完成這張圖表的目的不僅於此；**形勢圖所以能夠完整呈現出來，關鍵「密碼」就在於第四爻位。**這個道理也只有在橫向比對當中獲得清楚的說明。事實上，我也是想讓學員知道，他們花了時間、精神、金錢來上課，不是在聽我空口說白話；課程結束之後，如果還有意願，從留下來的這些圖表文字，他們仍舊可以繼續精進，不斷的發掘出新的東西。

十六之四

　　有學員提出在占卜之前請神的過程，怎麼知道神有沒有請到？請來的是不是要請的神？

　　我知道這對於沒有特定宗教信仰，慣於理性思考的人來說會有心理障礙，然而各位有沒有想過，心理障礙就是一種形而上的表現，它確實存在，卻是無形無狀。

　　我盡量抑制自己，避免談論形上的話題，尤其是牽扯宗教信仰的議題。我對宗教信仰的基本態度是尊重的，但是一旦談到個人的觀點，還是會擔心無意間與某些宗教觀點牴觸，不如不談的好。不過研究《易經》終究還是避免不了，於是簡單的提一下，正好為《我學易經的第一步》做個結束。《繫辭上第十二章》：

是故形而上者謂之「道」，形而下者謂之「器」，化而裁之謂之「變」，推而行之謂之「通」，舉而錯之天下之民謂之「事業」。

無形無質的能量與有形有質的物質結合產生的種種變化，順從形勢變通流行，人們將這些道理廣泛應用而成為事業。**這個形而上的「道」就是具有宇宙萬物變化的大能**。如同《易經》上說，無形無質的「道」必須透過有形有質的物質才能顯現出來，六十四卦爻符號正是扮演「器」的角色，而透過器物所代表的意思，瞭解變通之機，順從形勢發揮在事事物物，方方面面上面。

萬物生於有，有生於無，自然循環變化的道理再清楚不過了。物質世界千變萬化是我們可見的；同樣的，看不見的形上世界更是千變萬化，豈能以眼見為憑呢？那麼會是個什麼樣的面貌？我常想如老子這般擁有高度智慧的聖賢，都無法揭開這個神祕的面紗，我又如何能夠得知呢？《老子道德經·第二十五章》：

有物混成，先天地生。

寂兮寥兮，獨立不改，周行而不殆，可以為天下母。

吾不知其名，字之曰道，強為之名曰大。

大曰逝，逝曰遠，遠曰反。

故道大，天大，地大，人亦大。

域中有四大，而人居其一焉。

人法地，地法天，天法道，道法自然。

老子說這個形上的「道」很大，只能勉強形容「道」的大是超乎人的想像，所以「強為之名曰大」。「大曰逝，逝曰遠，遠曰反」，說明了這個「道」具有變化的功能，這個變化的現象或許可以稱為「道」之用，而發揮變化的這個功能或許可以稱為「道」之體。因為都是想出來的，是不是這樣子，我也沒有把握，所以只能加上「或許」二字。

信仰本身就是「信」的問題，這是很主觀、絕對的觀念。相信神存在，神就存在；相信神不存在，神就不存在。那麼神到底存不存在，誰都無法提出客觀的證據，所以神是形而上的。我們沒辦法請上帝出來讓大家看看，也沒辦法請神仙佛菩薩出來給大家瞧瞧，但是對有宗教信仰的人來說，無形界的神就是存在的。

無神論者說這是迷信，其實迷不信和迷信一樣偏執，並沒有高明到那裡。說要眼見為憑，憑什麼想見就可以見到？難道人所能見到的事物就會存在，見不到的就不存在，如此眼界也未免太狹小了。我們經常自我勉勵，或鼓勵別人對未來要懷抱希望，要有理想，不也是一種信仰的表現嗎？沒有人會說對於還沒發生的未來，這些來自正面思考的信心是迷信。我們的心思欲念就是形而上的表現，同樣抓不到、摸不著，然而確實存在，沒有人會懷疑。

　　形上世界千變萬化，亦如我們的心思欲念，令人捉摸不定，不是我們想怎麼樣就怎麼樣。話雖如此，不過對於宗教信仰的事，個人認為有比沒有好，但在世俗層面要量力而為。因為從中外歷史當中所得到的教訓，宗教信仰搞過了頭就變成了一種懲罰，對國家、社會、家庭、個人帶來的反而是一場浩劫，未蒙其利先受其害。要適可而止，不及猶勝於過。

　　至於想要如何與神連結才是正確的態度？才能透過《周易》演卦的過程，以通神明之德？

　　形上大能無缺時時禮讚，形下生命有缺時時祝福。

　　想到的就交給《周易》，想不到的就留給上帝。

《周易》

的結構

周雖舊邦，其命維新

☐ 《周易》創作於周王朝，原本作為占卜之用，自是不爭的事實。傳至春秋末期，才由儒家傳人，將孔子，或者孔子的弟子、再傳弟子所講授的《周易》內容，一併收錄起來作為爾後授業之用，其中又以〈繫辭〉、〈文言〉二傳最具代表性，如此一來，補足了儒家形上哲學思想的空白，以及增強了辯證思維的能力。

☐ 自《周易》的原創，到〈繫辭〉、〈文言〉等諸傳陸續補充，這中間的過程雖然也沒有確切的時間表，但漫長的時間足以讓思想逐步醞釀充實，也足以把數字符號轉變為六十四卦的陰陽符號。何以見得陰陽符號是在〈繫辭〉、〈文言〉等諸傳加入之前就有的呢？《周易》〈繫辭上十一章〉：

是故《易》有大極，是生兩儀，兩儀生四象，四象生八卦，八卦定吉凶，吉凶生大業。

以上敘述無論形式表現，還是內涵意義的表達，都是數字符號所無法比擬的。已經充分展現（--）陰、（—）陽符號，層層相疊所產生的型式與意涵。

☐ 現在以《周易》、《易經》為名通行的版本相當繁多。一般而言，編排的方式仍以宋朝大儒朱熹編排的《周易本義》，國子監（官方發行）的版本型式，概

分為「經」、「傳」兩大部分，做為主要架構。

「經」部：

六十四卦爻符號、〈卦辭〉、〈爻辭〉、〈象〉傳（卦象、爻象）、〈彖〉傳（上、下）。

「傳」部：

〈文言〉傳、〈繫辭〉傳（上、下）、〈說卦〉傳、〈序卦〉傳、〈雜卦〉傳。

□ 其中〈象〉傳又細分為〈卦（大）象〉傳與〈爻（小）象〉傳；〈彖〉傳又細分為彖〈彖〉上傳與〈彖〉下傳；〈繫辭〉傳又細分為〈繫辭上〉傳與〈繫辭下〉傳。所以有人又把〈卦辭〉、〈爻辭〉之外的諸傳，統稱之為「十翼」。似乎說明了《周易》的主體是六十四卦爻符號、〈卦辭〉、〈爻辭〉，而「十翼」諸傳則作為主體的補充教材。

□ 對於《周易》和《易經》的分野，有不同的區分方式作為比較參考。

◎ 《周易》的創作內容應該包含那些部分，又是一個長久存在的爭論。有人認為六十四卦爻符號，以及「經」部內容為《周易》，加入「傳」部則為《易經》。

◎ 有的則主張《易經》成書於周王朝，所以《周易》等同《易經》，何況漢王朝以降，歷朝歷代注疏《易經》，衍生發揮的著作汗牛充棟，將《易經》稱為《周易》，作為區別其他朝代的著作也言之成理。

◎ 不過，在前章節「夏王朝時期」曾經提到《周禮》將占卜之用的《周易》、《連山》、《歸藏》並列為「三易」。如果以《周易》這個名詞出現在《周禮》的時間作為區分標準，至少「十翼」之部必須完全排除掉，這樣的區分應該也言之也理。

◎ 在《周禮》裡頭，與《連山》、《歸藏》並列為「三易」的《周易》，一旦排除掉「十翼」內容，就剩下〈卦辭〉、〈爻辭〉，如果再以這兩部細分前後的話，誰又是《周易》最初始的面貌？**〈爻辭〉是《易》卜最主要、最基本的結構，也就是具有卜辭的功能，正好印證《周禮》裡頭的《周易》不就是具備了卜筮的功能。〈爻辭〉應該是為《周易》最原始，最不可或缺的部分。**

◎ 以主張周文王創〈卦辭〉、文王之子周公創〈爻辭〉。其實不然，因為**就占卜的功能性來區分前後，〈爻辭〉是不該在〈卦辭〉之後才有的。如果周文王創《周易》，得先整理出具有卜辭功能的〈爻辭〉，將其系統化，這樣的推論還比較符合實際。**

◎ 孔子在晚年的時候習《易》、贊《易》，經過增補之後的《周易》多有儒家思想的影子，在諸傳裡頭最有儒家觀點者，當屬〈繫辭〉、〈文言〉，此二傳不無和孔子相關，不過《周易》

並未獲得儒者普遍重視倒是真的。其實這樣反而因禍得福，如果在秦王朝之前，《周易》和儒家有了鮮明的連結在一起，恐怕也難逃秦始皇「焚書」的命運。而**《易經》之名更是漢王朝以後的事**。

◎「罷黜百家，獨尊儒術」是漢朝董仲舒所提出的文化與政治的主張，並為漢武帝所採用。換言之，身為儒家的創始者——孔子在幾百年之後，由於政治力的推動，其身價與學說從此扶搖直上，直至今日仍屹立不搖。自漢王朝開始，儒術受到政府官方的重視與保障。**漢武帝更把孔子授予弟子的《詩》、《書》、《易》、《禮》、《春秋》、《樂》等六項學科，專設「五經博士」官學（此時《樂》已失傳），《易經》之名就此而來。**由於漢王朝習《易》風氣鼎盛，所以注疏《易》學的著作很多，於是形成具有時代特色的漢《易》著作。換言之，漢《易》只是注疏《周易》的內容，或是另闢蹊徑而有所發揮，並沒有在《周易》的內容有所增減了，而這種作法似乎也成為漢王朝以降治《易》家所遵守的原則。

◎若以**個人主觀的看法，《周易》初創之時，如果用來卜筮，最起碼應該包括數字符號，或是使用六十四卦爻符號，還有〈爻辭〉這兩部分。其餘的部分是後來陸續增加，逐漸補充成為「經」、**

「傳」的規模。

◎ 漢王朝設官學看似對研究《周易》起了鼓舞的作用，但是後來肩負弘揚《周易》責任的儒者，反而有意和占卜數術劃清界線，尤其是到了東漢末年王弼提出「專演《易》理」的主張，似乎刻意要與《易》卜區隔開來，以維持知識份子，士大夫的崇高身份地位。也可以說傳到了漢王朝，《周易》之名成了《易經》，更享有「群經之首」的美譽。但是隱身於《易》卜的演卦邏輯，似乎也在漢王朝這個時期若存若亡了！

（以上內容節錄《有易人生》之〈陰陽相對論〉四、《周易》與《易經》的區別）

六十四卦陰陽符號的由來

□ 傳說中的：

◎ 古者包犧氏之王天下也，仰則觀象於天，俯則觀法於地，觀鳥獸之文，與地之宜，近取諸身，遠取諸物，於是始作八卦，以通神明之德，以類萬物之情《周易・繫辭下二章》。

□ 根據出土的甲骨文物：

商末周初的甲骨文物出土若干一組六個數字的卜辭，除此之外並無類似六十四卦符號的發現。據此推論，數字卜辭應該是符號的前身，而現在所見的六十四卦符號，應該不會早於西周初期。

□ 是故《易》有大極，是生兩儀，兩儀生四象，四象生
八卦，八卦定吉凶，吉凶生大業《周易・繫辭上十一
章》。

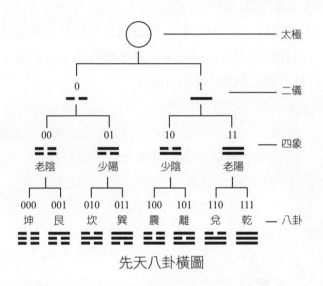

先天八卦橫圖

□ 什麼是「易」？

◎ 生生之謂易，成象之謂「乾」，效法之謂
「坤」，極數知來之謂「占」，通變之謂
「事」，陰陽不測之謂「神」《周易・繫辭上五
章》。

□《周易》（《易經》）到底在講什麼？

◎《周易》（《易經》）講的就是「不易、簡易、
變易（交易）」。

什麼是「不易、簡易、變易（交易）」？

「不易」就是道理，道理原則是不會改變的。

「簡易」就是方法，利用簡單的方法。

「變易、交易」就是變化，人事物的變化現象，未知轉變為已知。

◎ 具體完整的講法：

《周易》（《易經》）的道理（不易），就是透過演卦的簡單方式（簡易）將未知的人事物轉變（變易、交易）為已知的人事物。

◎ 就和我們受教育的過程一樣，也是將未知的人事物轉變（變易、交易）為已知的人事物。只是我們不瞭解演卦方式和《周易》的特殊語言，造成學習上的極大障礙。

□ 《周易》（《易經》）用的簡單方式大致區分為易理、易象、易數三方面。

□ 「易」有「三不」：

◎ 不好學、不好教、不好用。

◎ 抽象的、虛擬的……必須要有創意、聯想力、想像力……才能運用發揮。

◎ 所涉及的範圍太廣泛。

□ 《易》有太極：

◎ 太極：本體論、哲學的、科學的、玄學的、宗教的……萬事萬物、無所不包。

◎ 《易經》的「太極」、《老子道德經》的「道」、《金剛經》的「般若」、宇宙大爆炸。

◎ 太極圖創於宋朝……

太極、兩儀、四象、後天八卦圖

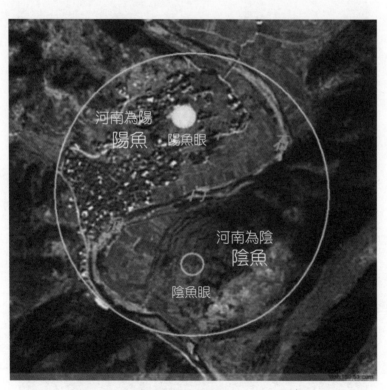

以水為界分陰陽（一）

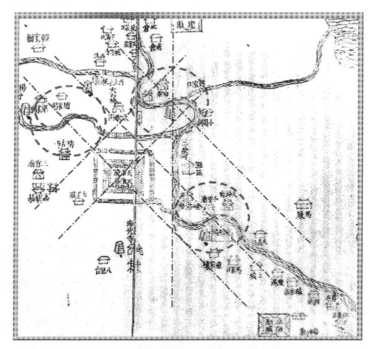

以水為界分陰陽（二）

麥田圈太極圖

宇宙星系呈現太極圖形

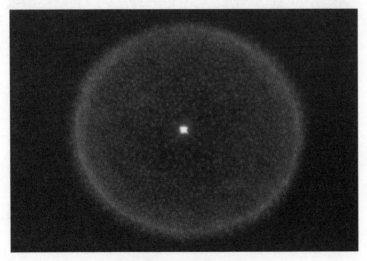

宇宙大爆炸（宇宙的誕生）

□ 《易》有大極，是生兩儀，兩儀生四象，四象生八卦

　◎ 生，「分化」的觀念。

　◎ 兩儀

　　最大的自然現象——天、地。

清氣上升、濁氣下降

　　素樸的哲學思想：（- -）陰、（－）陽相對的二元理論。「相對」，相提並論，不只是對立狀態，也是一種「平衡」狀態。平衡是一種理想狀態。

　　（- -）陰、（－）陽相對二元理論多重意涵，表現在精神與物質，發揮在生活中的各個層面。

　　例如：

　　有理走遍天下，無理寸步難行。（有＼無）

　　此有故彼有，此無故彼無。（此＼彼）（有＼無）

外慚清議，內疚神明。（外＼內）

小洞不補，大洞吃苦。（小＼大）

餓死事小，失節事大。（小＼大）

尺有所短，寸有所長。（短＼長）

有一利必有一弊。（利＼弊）

百密未免一疏。（密＼疏）

長江後浪催前浪，一輩新人換舊人。（後＼前）
（新＼舊）

若要人不知，除非己莫為。（人＼己）

明人不做暗事。（明＼暗）

寧人負我，毋我負人。（人＼我）

貴不忘賤，新不忘舊。（貴＼賤）（新＼舊）

舊的不去，新的不來。（舊＼新）（去＼來）

善有善報，惡有惡報。（善＼惡）

順天者昌，逆天者亡。（順＼逆）（昌＼亡）

寧在直中取，不向曲中求。（直＼曲）

一夫當關，萬夫莫開。（關＼開）

比上不足，比下有餘。（上＼下）（不足＼有餘）

上樑不正下樑歪。（上＼下）

叫天天不應，叫地地不靈。（天＼地）

左右沒是處，往來做人難。（左＼右）（往＼來）

急驚風遇著慢郎中。（急＼慢）

以小人之心，度君子之腹。（小人＼君子）

一動不如一靜。（動＼靜）

失敗為成功之母。（失敗＼成功）

成則為王，敗則為寇。（成＼敗）

陰陽相對辯證模式（正面＼反面相對辯證例字）

人物	事物								策略
正＼反	正＼反	正＼反	正＼反	正＼反	正＼反	正＼反	正＼反	正＼反	正＼反
父＼子	天＼地	日＼月	入＼出	入＼居	入＼歸	建＼拔	人＼鬼	己＼人	正＼奇
夫＼妻	己＼彼	上＼下	上＼偏	大＼小	大＼細	久＼止	火＼水	今＼古	合＼分
母＼子	公＼私	文＼武	反＼覆	外＼內	功＼凶	本＼末	右＼左	生＼死	合＼去
自＼人	可＼否	主＼臣	主＼客	出＼返	出＼處	去＼來	去＼留	示＼閉	合＼捨
男＼女	白＼黑	存＼亡	有＼亡	有＼無	色＼內	昭＼昏	吉＼凶	行＼止	合＼離
我＼人	行＼居	行＼藏	多＼少	多＼寡	全＼曲	全＼破	安＼危	在＼沒	攻＼守
我＼彼	此＼彼	向＼背	向＼逆	先＼後	先＼從	仰＼俯	成＼害	成＼敗	直＼迂
我＼敵	成＼無	同＼異	好＼惡	好＼憎	名＼罪	牡＼牝	現＼伏	現＼隱	往＼來
吾＼人	利＼危	利＼害	利＼患	伸＼屈	車＼徙	初＼終	佚＼勞	言＼默	治＼亂
吾＼彼	求＼避	長＼幼	取＼去	迎＼去	迎＼背	東＼西	直＼曲	直＼枉	剛＼柔
吾＼爾	往＼止	往＼返	智＼拙	智＼迷	智＼愚	明＼幽	明＼昧	明＼愚	真＼偽
吾＼敵	抱＼負	抱＼脫	始＼終	長＼短	周＼隙	奇＼偶	重＼輕	南＼北	專＼分
君＼民	勁＼疲	美＼惡	厚＼薄	高＼下	高＼卑	高＼深	起＼止	納＼出	張＼弛
君＼臣	既＼未	泰＼否	神＼鬼	俱＼偏	致＼無	盈＼虛	悅＼慍	益＼損	眾＼寡
	動＼安	動＼居	動＼藏	得＼失	得＼喪	得＼損	晝＼夜	乾＼坤	動＼止
	盛＼衰	崇＼卑	強＼弱	敏＼訥	深＼淺	欲＼惡	奢＼儉	清＼濁	動＼靜
	朝＼夕	善＼惡	就＼去	尊＼卑	勝＼負	勝＼敗	喜＼怒	喜＼悲	救＼棄
	喜＼懼	復＼剝	富＼貧	開＼閉	暑＼寒	雄＼雌	貴＼賤	朝＼暮	進＼止
	發＼應	首＼後	與＼求	與＼奪	新＼故	新＼蔽	愛＼惡	愛＼憎	進＼退
	道＼器	飽＼饑	聚＼分	遠＼近	榮＼辱	福＼患	福＼禍	實＼華	順＼逆
	語＼默	對＼應	慶＼殃	德＼怨	廣＼狹	熱＼寒	銳＼鈍	樂＼憂	開＼闔
	舉＼反	舉＼抑	舉＼廢	險＼易	親＼疏	親＼離	興＼廢	燃＼濡	圓＼方
	趨＼待	趨＼驅	縱＼橫	聲＼默	燥＼濕	譁＼靜	難＼易	饒＼乏	與＼取
	躁＼靜	譽＼懼	闢＼闔	驕＼卑	顯＼藏				實＼虛
									擊＼避

陰陽相對辯證模式（肯定＼否定相對辯證例字）

肯定＼否定	肯定＼否定	肯定＼否定	肯定＼否定
仁＼不仁	比＼不比	可＼不可	正＼不正
令＼不令	必＼不必	以＼不以	用＼不用
失＼不失	成＼不成	同＼不同	如＼不如
好＼不好	有＼不有	行＼不行	至＼不至
合＼不合	足＼不足	言＼不言	肖＼不肖
見＼不見	現＼不現	攻＼無攻	形＼無形
知＼不知	和＼不和	服＼不服	爭＼不爭
制＼制於	事＼無事	味＼無味	思＼不思
畏＼不畏	信＼不信	美＼不美	恃＼無恃
疾＼不疾	病＼不病	致＼不致	盈＼不盈
能＼不能	患＼不患	欲＼不欲	通＼不通
從＼不從	得＼不得	為＼不為	敢＼不敢
善＼不善	博＼不博	勝＼不勝	貴＼不貴
智＼不智	為＼無為	與＼不與	虞＼不虞
稱＼不稱	盡＼未盡	憂＼不憂	謀＼不謀
學＼不學	賢＼不賢	難＼不難	辯＼不辯
驕＼不驕	訟＼無訟	聽＼不聽	

（以上內容節錄《有易人生》之〈陰陽相對論〉）

◎ 四象

僅次於天、地的自然現象──四時（季）

春

夏

秋  冬

或是由天、地之中再分出來的大現象 —— 晝
（日）、夜（月）

天　　　地
晝日　　夜月

由於（--）陰、（—）陽相對二元理論（素樸哲學
觀）非黑即白，不是肯定就是否定的觀念，容易產
生主觀的看法，不能充分反映現實狀況。
例如：
**積善之家必有餘慶，積不善之家必有餘殃。〈文
言〉（善＼不善）**

（- -）陰、（－）陽相對二元理論在思考與行動指導容易產生盲點，尤其對於現在（已知）與未來（未知）的思考方式，四象要比（- -）陰、（－）陽相對更為客觀周密。

例如：

人為善，福雖未至，禍已遠離；人為惡，禍雖未至，福已遠離。（善＼惡、福＼禍、至＼離）

四象是以（- -）陰、（－）陽兩儀為基礎，四象因此有了「位」的概念產生。

◎ 八卦

四象又分化出來八種大自然現象

（☰）乾天

（☱）兌澤

（☲）離火

（☳）震雷

（☴）巽風

（☵）坎水

（☶）艮山

（☷）坤地

或者以日、月取代了火、水。

從太極到八卦的演化，素材完全取自大自然，純天然的尚好！

乾天　　　　兌澤

離火　　　　震雷

巽風　　　　坎水

艮山　　　　坤 地

先天八卦橫圖

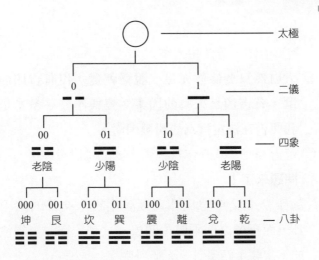

◎ 了不起的「先天八卦橫圖」！

◎ 由上往下——演繹的概念；由下往上——歸納的概念。

◎ 道生一，一生二，二生三，三生萬物。萬物負陰而抱陽，沖氣以為和《老子道德經・第四十二章》。

◎ 道生之，德畜之，物形之，勢成之《老子道德經・第五十一章》。

◎ 科學的終點是哲學的起點，哲學的終點是神（玄）學的起點。先天八卦橫圖從太極到八卦每一層面的思維，都足以提供理論的基礎，且運用發揮在實務上面，成為中國幾千年來屹立不搖的精神指標。

◎ 過去站在地球看宇宙，現在站在宇宙看地球。你站在那裡（八卦、四象、兩儀、太極）看自己？

□ 八卦定吉凶，吉凶生大業。

◎ **大自然只要條件充足，說變就變，沒有吉凶的考量。有吉凶是人為的因素，變與不變，多半是利我與否在決定行為的關鍵因素。**

◎ 定吉凶——八卦作為判斷吉凶的基礎模型。

◎ **問題來了！**

　為什麼三爻卦的八卦直接演化為六爻卦的六十四卦，而不像之前兩儀、四象、八卦一畫一畫的往上加，避開了四畫卦、五畫卦呢？

◎ 三爻卦的八卦當中已經有了天、地、人「三才」的觀念，提供了判斷吉凶的基礎模型。

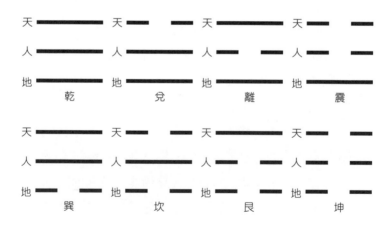

　象徵人倫的～～父（☰乾）、少女（☱兌）、中女（☲離）、長男（☳震）、長女（☴巽）、中男（☵坎）、少男（☶艮）、母（☷坤）。除了乾、坤

二卦，其餘六卦秉持「男卦多陰，女卦多陽；一為君、二為臣」的原則。

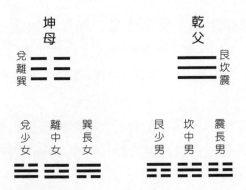

根據陰陽對待的基本觀念：天、地、人皆有陰陽，因此產生了「三才六爻」的六十四卦，避凶趨吉所產生的盛大事業（吉凶生大業）因而展開了！

◎ **形勢何來？就是從變化而來。沒有變化就沒有形勢，有變化才會有形勢的產生。**形勢變化不只是顯而易見的現象改變，包括了人的意念有了不同想法、新的想法，都是一種形勢變化。**心思欲念是人類活動狀態常有的現象，反而不容易察覺而忽略其重要性，因為吉凶福禍往往肇起於人所產生的心思欲念。**所以《周易·繫辭上十一章》說：

是故法象莫大乎天地；變通莫大乎四時；縣（懸）象著明莫大乎日月；崇高莫大乎富貴；備物致用，立成器以為天下利，莫大乎聖人；**探賾索隱，鉤深**

致遠，以定天下之吉凶，成天下之亹亹者，莫大乎
著龜。

「探賾索隱，鉤深致遠」就是「知機」、「知
微」。知什麼？一葉知秋，大自然的變化；心思欲
念，人的變化。也就是萬事萬物所產生的微妙變
化。

◎ 基本上六十四卦是藉用大自然形勢變化的道理，
　 目的還是在於提供人類採取作為，預判吉凶的參
　 考。

◎ 從太極、兩儀、四象、八卦、六十四卦的演化過
　 程，既取材於大自然現象，又能用之於人生道
　 理，訓練思維，啟發智慧，這些都圍繞在一個
　 「平衡（理想狀態）」的核心價值觀，形成中國
　 特有的「天人（人天）哲學」思想觀念。

◎ 故道大，天大，地大，人亦大。域中有四大，而
　 人居其一焉。人法地，地法天，天法道，道法自
　 然《老子道德經‧第二十五章》。

◎ 人與人之間的對待關係——
　 太極——彼此不認識，但確實存在。
　 兩儀——彼此點頭之交。
　 四象——彼此聊天氣變化。
　 八卦——彼此聊別人的是是非非。
　 六十四卦——彼此進入了利害關係。

◎ 可怕又迷人的六十四卦符號來囉！

◎ 是故君子居則觀其象而玩其辭，動則觀其變而玩其占。《周易‧繫辭上二章》

◎ 六十四卦符號是「觀象玩辭，觀變玩占」的依據。

◎ 「演卦」就是反覆推敲。

□ 《周易》卦序表（詳見《周易‧序卦傳》）

◎ 上經

01 ䷀ 乾卦、02 ䷁ 坤卦、03 ䷂ 屯卦、04 ䷃ 蒙卦、05 ䷄ 需卦、06 ䷅ 訟卦、07 ䷆ 師卦、08 ䷇ 比卦、09 ䷈ 小畜、10 ䷉ 履卦、11 ䷊ 泰卦、12 ䷋ 否卦、13 ䷌ 同人、14 ䷍ 大有、15 ䷎ 謙卦、16 ䷏ 豫卦、17 ䷐ 隨卦、18 ䷑ 蠱卦、19 ䷒ 臨卦、20 ䷓ 觀卦、21 ䷔ 噬嗑、22 ䷕ 賁卦、23 ䷖ 剝卦、24 ䷗ 復卦、25 ䷘ 无妄、26 ䷙ 大畜、27 ䷚ 頤卦、28 ䷛ 大過、29 ䷜ 坎卦、30 ䷝ 離卦

◎ 下經

31 ䷞ 咸卦、32 ䷟ 恆卦、33 ䷠ 遯卦、34 ䷡ 大壯、35 ䷢ 晉卦、36 ䷣ 明夷、37 ䷤ 家人、38 ䷥ 睽卦、39 ䷦ 蹇卦、40 ䷧ 解卦、41 ䷨ 損卦、42 ䷩ 益卦、43 ䷪ 夬卦、44 ䷫ 姤卦、45 ䷬ 萃卦、46 ䷭ 升卦、47 ䷮ 困卦、48 ䷯ 井卦、49 ䷰ 革卦、50 ䷱ 鼎卦、51 ䷲ 震卦、52 ䷳ 艮卦、53 ䷴ 漸卦、54 ䷵ 歸妹、55 ䷶ 豐卦、56 ䷷ 旅卦、57 ䷸ 巽卦、58 ䷹ 兌卦、59 ䷺ 渙卦、60 ䷻ 節卦、61 ䷼ 中孚、62 ䷽ 小過、63 ䷾ 既濟、64 ䷿ 未濟

□ 《周易》六十四卦符號表

下卦＼上卦	天 乾	澤 兌	火 離	雷 震	風 巽	水 坎	山 艮	地 坤
天 乾	乾	澤天 夬	火天 大有	雷天 大壯	風天 小畜	水天 需	山天 大畜	地天 泰
澤 兌	天澤 履	兌	火澤 睽	雷澤 歸妹	風澤 中孚	水澤 節	山澤 損	地澤 臨
火 離	天火 同人	澤火 革	離	雷火 豐	風火 家人	水火 既濟	山火 賁	地火 明夷
雷 震	天雷 无妄	澤雷 隨	火雷 噬嗑	震	風雷 益	水雷 屯	山雷 頤	地雷 復
風 巽	天風 姤	澤風 大過	火風 鼎	雷風 恆	巽	水風 井	山風 蠱	地風 升
水 坎	天水 訟	澤水 困	火水 未濟	雷水 解	風水 渙	坎	山水 蒙	地水 師
山 艮	天山 遯	澤山 咸	火山 旅	雷山 小過	風山 漸	水山 蹇	艮	地山 謙
地 坤	天地 否	澤地 萃	火地 晉	雷地 豫	風地 觀	水地 比	山地 剝	坤

□ 基本上，講到這裡已經可以進入「《周易》六爻演卦基本認識」的課程。

河圖、洛書、先天八卦、後天八卦的關係

□ 我們現在所見的《易》圖都是宋代所研發出來的。根據《周易》的內容：

◎ 先天八卦橫圖

根據：

是故《易》有大極，是生兩儀，兩儀生四象，四象生八卦，八卦定吉凶，吉凶生大業。《周易·繫辭上十一章》

先天八卦橫圖圖式：

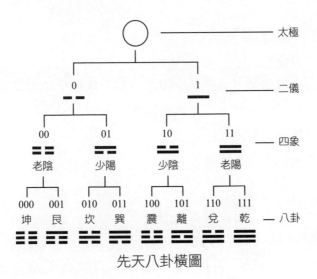

先天八卦橫圖

◎ 先天八卦圓圖

根據：

天地定位，山澤通氣，雷風相薄，水火不相射；八卦相錯。數往者順，知來者逆，是故《易》逆數也。《周易·說卦傳第三章》

先天八卦圓圖圖式：

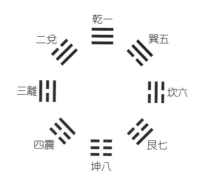

◎ 後天八卦圓圖

根據：

帝出乎震，齊乎巽，相見乎離，致役乎坤，說言乎兌，戰乎乾，勞乎坎，成言乎艮……《周易·說卦傳第五章》

後天八卦圓圖圖式：

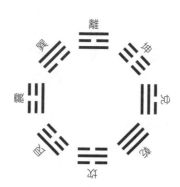

◎ 河圖

根據：

河出圖，洛出書，聖人則之。《周易‧繫辭上十一章》

天一，地二；天三，地四；天五，地六；天七，地八；天九，地十。天數五，地數五，五位相得而各有合。天數二十有五，地數三十，凡天地之數五十有五。此所以成變化而行鬼神也。《周易‧繫辭上九章》

河圖圖式：

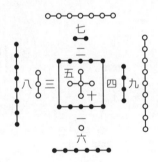

◎ 洛書

根據：

河出圖，洛出書，聖人則之。《周易‧繫辭上十一章》

其餘查無相關內容。

洛書圖式：

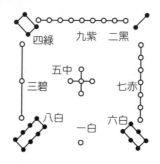

□ 先天八卦圓圖的配置根據先天八卦橫圖而來

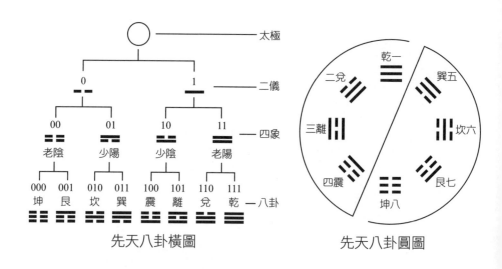

先天八卦橫圖　　　　　　　先天八卦圓圖

◎ 先天八卦橫圖自兩儀而分，陽儀之卦陽，陰儀之
　卦陰視初爻何屬。

陽儀所生：（☰）乾、（☱）兌、（☲）離、（☳）
震。

陰儀所生：（☷）坤、（☶）艮、（☵）坎、（☴）
巽。

先天八卦圓圖的解釋：

（☰）乾天、（☷）坤地設定了位置，（☶）艮山、（☱）兌澤高低交流溝通氣息，（☳）震雷、（☴）巽風興動交相應合，（☵）坎水、（☲）離火異性不相影響；八卦互相錯綜複雜陳列。先天八卦的（☰）乾1、（☱）兌2、（☲）離3、（☳）震4順數，（—）陽爻逐次遞變為（--）陰爻，而知過往；（☷）坤8、（☶）艮7、（☵）坎6、（☴）巽5逆數，（--）陰爻逐次遞變為（—）陽爻，而知未來；而未來的事物形勢變化隱微幽深，因此《周易》的主要功用是推知未來。

◎ 八卦歌訣：

（☰）乾三連

（☱）兌上缺

（☲）離中虛

（☳）震仰盂

（☴）巽下斷

（☵）坎中滿

（☶）艮覆碗

（☷）坤六斷

◎ 先天八卦圓圖具宇宙體象與本源，若以立體觀之，乾坤為天地，居上下之位；坎離為水火，居左右之方；艮兌震巽為山澤雷風，居天地水火之間。所以先天八卦圓圖是個完美的空間配置圖！

◎ 後天八卦圓圖的解釋：

後天八卦，說明大自然時序循環，起始於主宰萬物萌發生於東方春分的（☳）震，萬物齊長於東南方立夏的（☴）巽，萬物顯形相於南方夏至的（☲）離，萬物致力任事於西南方立秋的（☷）坤，萬物欣悅成熟於西方秋分的（☱）兌，萬物交合於西北方立冬的（☰）乾，萬物勤勞倦息於北方冬至的（☵）坎，最後萬物功成且重新萌發於東北方立春的（☶）艮，接著又進入新循環的起始。

後天八卦圓圖表現時序循環週而復始的時間變化配置圖，所以又稱「流行八卦」。

◎ 先、後天八卦圓圖之比較

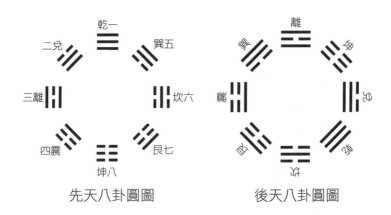

先天八卦圓圖　　　　　後天八卦圓圖

□ 問題來了！

◎ 照理來說有了先天八卦圓圖和後天八卦圓圖，就足以表現空間與時間的觀念，為何又要製作河圖和洛書呢？

186

◎ 製作河圖和洛書的主要因素就是為了提供一個八
　卦與五行的連結管道。

　　總不能把五行硬塞進八卦裡頭，一定要有論述根據
　來作為致用基礎，最佳的方法就是從「數」下手，
　但先天八卦的「數」從一到八，作為八卦與五行之
　間的連結並不理想，勢必要想辦法解決配數的問
　題。

□ 河圖理數為《易》數與五行奠定論述的根據

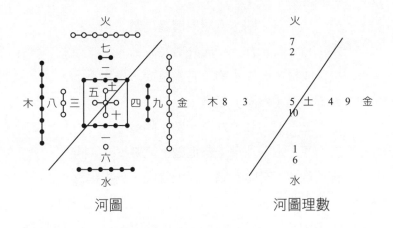

河圖　　　　　　　　　　河圖理數

◎ 在《周易・繫辭上九章》找到的靈感

天一，地二；天三，地四；天五，地六；天七，地
八；天九，地十。天數五，地數五，五位相得而各有
合。天數二十有五，地數三十，凡天地之數五十有
五。此所以成變化而行鬼神也。

◎ 五位相得而各有合者

　劉牧《易解》及《易象鉤隱圖》云：

一六共宗居北，二七同道居南，三八為朋居東，
四九作友居西，五十同途居中。其數參伍。
一六共宗位居北方，黑色，五行屬水。
二七同道位居南方，赤色，五行屬火。
三八為友位居東方，青色，五行屬木。
四九作友位居西方，白色，五行屬金。
五十同途位居中央，黃色，五行屬土。

◎ 其數參伍

生成之數
一、二、三、四、五居內層為生數。
六、七、八、九、十居外層為成數。
生為成根，成為生勢，有生有成，生化不已。
天奇地偶（陰陽）之數
一、三、五、七、九為天數、陽數。
二、四、六、八、十為地數、陰數。
有天有地，有陰有陽，天地陰陽，萬物化焉。
一六水生三八木，三八木生二七火，二七火生中央
土，中央土生四九金，四九金生一六水，循環無
端，生生不息。

◎ 河圖就是利用數的組合觀念為先天八卦與五行
建立連結管道，再根據河圖數的陰陽，搭配了
「位」的概念，專為先天八卦與五行量身訂制了
一套理論：
乾象天，數一，由一五七合成之，五行屬金。
兌象澤，數二，由三五八合成之，五行屬金。

離象火，數三，由三十九合成之，五行屬火。

震象雷，數四，由一十六合成之，五行屬木。

巽象風，數五，由二五七合成之，五行屬木。

坎象水，數六，由四五八成合之，五行屬水。

艮象山，數七，由四十九合成之，五行屬土。

坤象地，數八，由二十六合成之，五行屬土。

◎ 這套透過河圖數理為先天八卦與五行編排的理論，一組三個數字的號碼組成一個三爻卦，配上一個五行。而先前的河圖理數，二個數字也可以配成一個五行。由此可知，河圖理數的適用性非常廣，因為河圖的「理數」不是單純的數字，而是同時含有數字與位置的「數位」關係。

數位概念：

數位：0123456789，0～9顯示一個數字，10的一次方，共有10×1＝10個組合。

數位：0123456789，00～99顯示二個數字，10的二次方，共有10×10＝100個組合。

數位：0123456789，000～999顯示三個數字，10的三次方，共有10×10×10＝1000個組合。

依此類推：

數位：0123456789，0000000000～9999999999顯示十個數字，10的十次方，共有10×10×10×10×10×10×10×10×10×10＝10000000000個組合。

給0到9十個位置，就有百億個不同的排列變化群組，這也是個很驚人的天文數字！

◎ 我們反觀《易經》六十四卦，它的「數字」只有兩個（陰爻、陽爻），它的位置有六個（六爻位），數位：2的六次方，$2 \times 2 \times 2 \times 2 \times 2 \times 2 = 64$ 個組合，表示有六十四個變化群組，就是六十四卦符號。以河圖顯示的數位概念也足以應付，且綽綽有餘。

例如：

（☷☰）泰卦，河圖取數一五七、二十六。

（☳☱）歸妹，河圖取數三五八、一十六。

（☳☲）豐卦，河圖取數三十九、一十六。

（☳☴）恆卦，河圖取數二五七、一十六。

◎ 只要能說出道理，河圖取數的方式未必非得如此，洛書理數也是一樣。因為取數的方式非常靈活，大大提升了理論與應用的適用性。宋代《易》學的成就相當輝煌，可以說繼周代《周易》之後，將《易》學推向了另一波高鋒。而我們現在所講的《易經》，即所謂的陰陽五行、《易》理、《易》數等等，絕大多數都是宋代所研創的《易》學產品，而真正的《周易》演卦方式，早在宋代之前不知道丟到那裡去了？

◎ 另外，在《周易・說卦傳第三章》「水火不相射」的這句話，提供了五行與八卦連結的絕佳切入點，編排了這套河圖五行的理論基礎。

□ 問題來了！

先天八卦的位置和河圖理數天地、奇偶、生成、方

位、五行的配置「空間」概念達到穩定平衡的完美狀態，然而完美、理想是不容變更的，只有在相對不完美、不理想的狀態下，數術的運用才能得以發揮。

□ 洛書理數提供了數術致用發揮的基本架構

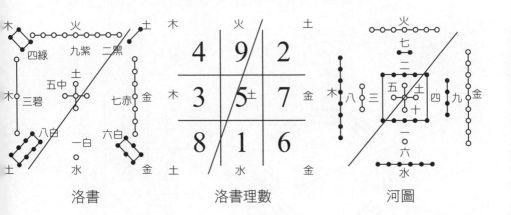

洛書　　　　　洛書理數　　　　　河圖

◎ 劉牧《易解》及《易象鉤隱圖》云：

載九履一、左三右七、二四為肩、六八為足，五居中央。

◎ 天地、陰陽、奇偶之數

一、三、五、七、九居四正及中央。（天、陽、奇數）

二、四、六、八居四隅（維）。（地、陰、偶數）

◎ 每行、每列、對角直線相加之和皆為15。

「萬字形」內的每個數字加起來的總和皆為25。

◎ 洛書是「時間」流行變動狀態的概念。

◎ 就數術而言，洛書理數確實提供了一個致用發揮的基本架構，但前面所說的先天八卦圓圖的方位是個完美、理想的狀態，不能有所更動。如果要配上洛書理數，勢必要產生一個新的組合，於是目標就指向了後天八卦圓圖。

□ 洛書理數與後天八卦圓圖提供了數術致用發揮的基本架構

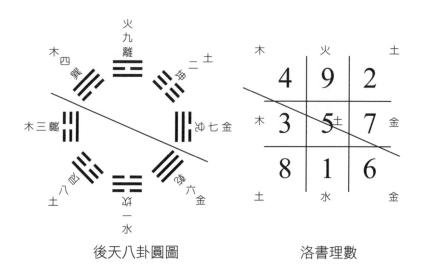

後天八卦圓圖　　　　　　　　洛書理數

◎ 後天八卦圓圖人倫所屬，除乾卦純陽、坤卦純陰，其餘各卦陽卦多陰，陽爻代表男性；陰卦多陽，陰爻代表女性。

男卦：

（☰）乾6父

（☳）震3長男

（☵）坎1中男

（☶）艮8少男

女卦：

（☷）坤2母

（☴）巽4長女

（☲）離9中女

（☱）兌7少女

□ 先天為體，後天為用。五行既可以配卦，又可以配

　　數。

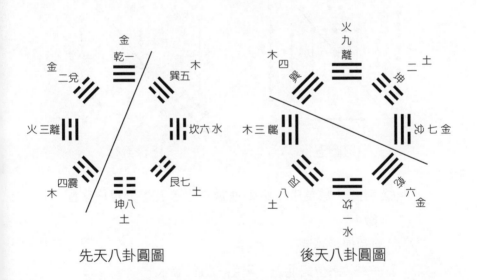

先天八卦圓圖　　　　　　　後天八卦圓圖

◎ 先天八卦圓圖為體，後天八卦圓圖為用。

　先天卦體：

　（☰）乾1、（☱）兌2、（☲）離3、（☳）震4為

陽儀所生。

（☷）坤8、（☶）艮7、（☵）坎6、（☴）巽5為
陰儀所生。

後天卦體配後天卦數：

（☵）坎1、（☳）震3、（☱）兌7、（☲）離9居
四正。（天數）

（☷）坤2、（☴）巽4、（☰）乾6、（☶）艮8居
四隅。（地數）

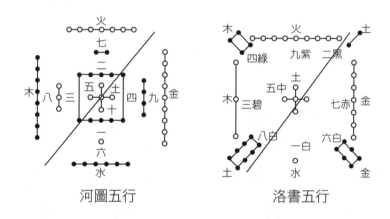

河圖五行　　　　　　洛書五行

◎ 河圖理數為體，洛書理數為用，五行皆可用來配
　數。

河圖理數為體：

一六共宗位居北方，黑色，五行屬水。

二七同道位居南方，赤色，五行屬火。

三八為友位居東方，青色，五行屬木。

四九作友位居西方，白色，五行屬金。

五十同途位居中央，黃色，五行屬土。

洛書理數為用：

一白（☵）坎水 貪狼星

二黑（☷）坤土 巨門星

三碧（☳）震木 祿存星

四綠（☴）巽木 文曲星

（五黃中土 廉貞星）

六白（☰）乾金 武曲星

七赤（☱）兌金 破軍星

八白（☶）艮土 左輔星

九紫（☲）離火 右弼星

□ 體用合一

　◎ 宋代《易》學參和了五行之後，實際上是五行居
　　於主導的地位，在數術、術法的應用發揮上更是
　　變化無窮。

　　先後天八卦五行，五行跟著八卦走。

　　河圖五行，五行跟著數理走。

　　洛書五行，五行跟著數理走。

　　有的單取卦、數五行，有的兼取卦、數五行。

□ **會有如此繁複的變化過程，說穿了主要也是為了提供**
《易經》與五行連結之用。

　◎ 不僅如此，五行幾乎成為各家術法理論與應用的
　　主角，主要原因就在於五行生剋制化非常好用！

□ 數的運用參考表

數 字		1	2	3	4	5	6	7	8	9	0
河圖	口訣	一六共宗水、二七同道火、三八為朋木、四九為友金、五十共守土。									
	陰陽	陽	陰	陽	陰	陽	陰	陽	陰	陽	陰
	天地	天	地	天	地	天	地	天	地	天	地
	生成	生	生	生	生	生	成	成	成	成	成
	數位	16	27	38	49	50	16	27	38	49	50
	方位	北	南	東	西	中	北	南	東	西	中
	五行	水	火	木	金	土	水	火	木	金	土
祿命	天干	甲	乙	丙	丁	戊	庚	辛	壬	癸	己
	地支	寅	卯	巳	午	辰戌	申	酉	亥	子	丑未
	干支五行	木	木	火	火	土	金	金	水	水	土
先天	卦	乾	兌	離	震	巽	坎	艮	坤		
	位	南	東南	東	東北	西南	西	西北	北		
洛書	口訣	戴九履一、左三右七、二四為肩、六八為足、五居中央。									
	先天卦	坤	巽	離	兌	中宮	艮	坎	震	乾	
	方位	北	西南	東	東南		西北	西	東北	南	
	顏色	黑	綠	紫	赤		白	白	碧	白	
	五行	土	木	火	金	中	土	水	木	金	
	後天卦	坎	坤	震	巽	宮	乾	兌	艮	離	
	方位	北	西南	東	東南		西北	西	東北	南	
	顏色	白	黑	碧	綠	黃	白	赤	白	紫	
	五行	水	土	木	木	土	金	金	土	火	
數 字		1	2	3	4	5	6	7	8	9	0

《周易》

六爻演卦基本認識

□ 什麼是「演卦」？

◎ 是故君子所居而安者，《易》之序也；所樂而玩者，爻之辭也。是故君子居則觀其象而玩其辭，動則觀其變而玩其占，是以「自天祐之，吉无不利。」《周易・繫辭上二章》

因此，君子之所以能居處安穩，進退有據的原因，就在於《周易》卦爻符號所表現的位序；君子喜樂探索玩味的，是卦爻之後所繫的文辭。因此，君子平時居處就觀察卦爻符號的徵象，來探索玩味所繫的文辭；有所行動就觀察卦爻符號的形勢變化，來探索玩味所占筮的結果；這樣就能獲得《周易》（䷍）大有上九〈爻辭〉所說的「從上天降下的祐助，吉祥而無所不利。」

◎ 「演卦」就是利用六十四卦符號的（- -）陰、（—）陽爻演繹，以客觀的立場分析歸納事物的演變過程與結果。

◎ **單憑六十四卦（- -）陰、（—）陽爻這些抽象符號是無法做出任何判斷。**抽象的符號必須賦予特殊意義，整合了這些特殊意義，才能建立演卦的邏輯性，這是研習演卦不可不知的基本觀念。

◎ 《周易》六十四卦爻符號全由（- -）陰、（—）陽兩種符號組合而成。並且利用（- -）陰、（—）陽符號的位置、相對關係、進退等變化，來預判事理吉凶，以提供適宜作為的參考。

□ 位的概念

◎一般《易經》教學課程，通常都會忽略了「位」的重要性。

◎位，是固定不變的。有了「位」的概念，才能提供（--）陰、（－）陽爻活動的空間。

◎下卦、上卦的位固定不變。

◎三爻卦（八卦）的三才位固定不變～～初位為地位、二位為人位、三位為天位。

◎六爻卦（六十四卦）的三才位固定不變～～天、地、人位皆配有陰陽。

初（陽）位、二（陰）位為地位。

三（陽）位、四（陰）位為人位。

五（陽）位、上（陰）位為天位。

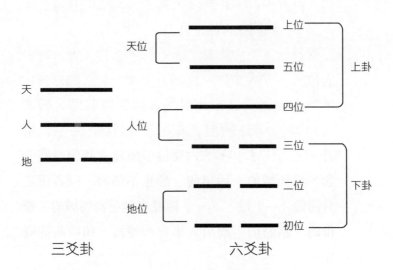

□下、上卦、三才位、六爻位的聯結

◎下（內）與上（外）卦的立場基本上是相對的，也就是下卦的初、二、三位與上卦的上、五、四位的立場是相對的。

◎六爻卦的天、地、人「三才」位概念：

上位為「天根」，天上無上，為天之極；上、五爻位同為「天位」。居於天位的（- -）陰、（一）陽爻勢力由上、五而來。

初位為「地根」，地下無下，為地之極；初、二爻位同為「地位」。居於地位的（- -）陰、（一）陽爻勢力由初、二而往。

三、四爻位居中為「人位」，分立於上、下卦之際，介於天地之間。

以（☰）「否」卦為例，初六、六二同在地位；六三、九四同在人位；九五、上九同在天位。

◎「兩卦」（下、上卦），「三才」位（天、地、人位），「六爻位」（初至上爻位）交錯分佈，再加上陰陽爻往來比附的彼此對待關係，構成《周易》演卦的整體概念。也就是說，**「兩卦」、「三才」、「六爻位」所建立起的空間概念，是領域的、固定的、靜止不動的。反觀遊走其間的（- -）陰、（一）陽爻符號是跨領域的、變化的、活動的，屬於人事物的變遷，和時間的變化。**

□陽放陰縮：（- -）陰、（一）陽爻基本性情的整體概念

◎「爻」就是交錯之意，（--）陰柔、（－）陽剛互相摩擦交錯。

◎（－）陽爻（儀）──**剛強、實健、主動、積極、有動能、有實力。**

◎（--）陰爻（儀）──**柔弱、虛順、被動、消極、無動能、無實力。**

陽遇陽得敵，陽遇陰則通，陰遇陰則窒。

◎然而六爻卦裡的（--）陰、（－）陽爻在對應周遭複雜的環境，為了順應形勢，或者因形勢所趨改變了基本性情：

陽剛衝動，其動也靜；陰柔順靜，其靜也動。

陽遇陽得敵，其動也靜；陰遇陽則附，其靜也動。

陽　陰

□ 位與爻的關係

◎因為有了「六爻位」才有「六爻卦」的存在。

◎《周易‧繫辭下八章》：

為道也屢遷，變動不居，周流六虛，上下无常，剛柔相易，不可為典要，唯變所適。

正如這段話所說的，（--）陰、（－）陽爻表現出來是動態遷移的，變化運行而不居留停止，周

轉流動在各卦的六爻之間，上來下往變化無常態，陽剛、陰柔相互推移更易，不可以執著於僵化的典型綱要。

◎ 由於符號的變化特性，象徵我們人事的變遷無常，也提供我們在因應變遷所採取的適當作為，（--）陰、（－）陽爻的符號就是用以體現這個變化道理的主要工具。

◎ **（--）陰、（－）陽爻符號所展現出的觀念是跨領域的、變化的、活動的。**所以「演卦」是必須把占卜出來的卦象加以推演，而不單是在占問求卦的階段才叫「演卦」。

◎ 「周流六虛」，就是說明（--）陰、（－）陽爻活動在每一卦的六個爻位當中，從初至上位，這是客觀的空間觀念。六個爻位，則是用來提供（--）陰、（－）陽爻「上下無常」的舞臺。在這個空間裡，會因為（--）陰、（－）陽爻的性情、所處的位置，以及客觀環境的因素，受到應有限制與規範，以作為吉凶判斷的依據。

◎ 我們從自然界最大的現象「兩儀」，代入人們理則思辨最基本的二元理論，一直推演至代表人事物理的「六十四卦」複雜層次，全部都是（--）陰、（－）陽兩種符號所構成的，用以表示我們建構起相對的、知識的、層次的世界。這六十四卦（--）陰、（－）陽爻的排列位置不盡相同，當然所代表的意義也就不同。首先，我們先瞭解

（--）陰、（－）陽爻在六個爻位的稱謂：

上位 ▬▬▬	上爻 ▬▬▬	上九 ▬▬▬
五位 ▬▬▬	五爻 ▬▬▬	九五 ▬▬▬
四位 ▬▬▬	四爻 ▬▬▬	九四 ▬▬▬
三位 ▬ ▬	三爻 ▬ ▬	六三 ▬ ▬
二位 ▬ ▬	二爻 ▬ ▬	六二 ▬ ▬
初位 ▬▬▬	初爻 ▬▬▬	初六 ▬ ▬

◎ **陽爻居陽位（初、三、五），陰爻居陰位（二、四、上）稱之「得正」，亦稱「當位」。**

陽爻居陰位（二、四、上），陰爻居陽位（初、三、五）稱之「不正」，亦稱「不當位」。

陽爻居二位，陰爻居五位，雖然「不正」、「不當位」，皆為「得中」。

陽爻居五位，陰爻居二位，既正且中，稱之「中正」、「正中」。

以乾卦為例：

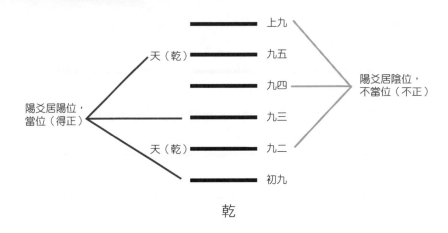

乾

□ 補充（《周易形勢學》「導讀——（- -）陰、（—）
　陽爻與爻位」）

◎《周易‧繫辭下九章》：

二與四同功而異位，其善不同：**二多譽；四多**
懼，近也。柔之為道，不利遠者；其要无咎，其
用柔中也。三與五同功而異位：**三多凶，五多**
功，貴賤之等也。

◎ **初位，潛下之位，也是「三才」當中的「地**
位」。初位是下卦最下方的位置，在初位上面有
五個爻位可供陰陽爻活動；初位的下面已經沒有
爻位，所以初位的（- -）陰、（—）陽爻只有前
往，沒有退來的可能性。初位是（—）陽爻的正
位，是（- -）陰爻的不正之位。

◎ **二位，多譽之位，也是「三才」當中的「地**
位」。二位是下卦的中間位置，在二位的上面有
四個爻位可供（- -）陰、（—）陽爻活動；二位的

下面有個初爻位，陰陽爻在二位與初位的關係，不論親比、依附，或是阻礙、窒塞的關係，都不會離開二位，卻有前往的可能性。二位是（--）陰爻的正位，是（－）陽爻的不正之位；但不論是（--）陰、（－）陽爻，都是得中之位。

◎ **三位，多凶之位，也是「三才」當中的「人位」**。三位是下卦最上方的位置，在三位上面有三個爻位；三位的下面有二個爻位，可供（--）陰、（－）陽爻前往或退來的可能性。三位是（－）陽爻的正位，是（--）陰爻的不正之位。

◎ **四位，多懼之位，也是「三才」當中的「人位」**。四位是上卦最下方的位置，在四位上面有二個爻位；四位的下面有三個爻位，可供（--）陰、（－）陽爻前往或退來的可能性。四位是（--）陰爻的正位，是（－）陽爻的不正之位。

◎ **五位，多功之位，也是「三才」當中的「天位」**。五位是上卦的中間位置，在五位的上面有個上位，（--）陰、（－）陽爻在五位與上位的關係，不論親比、依附，或是阻礙、窒塞的關係，都不會離開五位；五位的下面有四個爻位可供（--）陰、（－）陽爻前來的可能性。五位是（－）陽爻的正位，是（--）陰爻的不正之位；但不論是（--）陰、（－）陽爻，都是得中之位。

◎ **上位，亢極之位，也是「三才」當中的「天位」**。上位是上卦最上方的位置，在上位的上面

已經沒有爻位；上位的下面有五個爻位，所以上位的（--）陰、（一）陽爻只有前來，沒有前往的可能性。上位是（--）陰爻的正位，是（一）陽爻的不正之位。

◎ **（--）陰、（一）陽爻有了活動的空間，就有變化移動的可能性，在下面的爻可以往上，在上面的爻可以來下。但上、五爻的「前來」，與三、四爻的「退來」義意完全不同。上、五爻的「前來」，有鞏固、再創高峰的意涵。初、二爻的「前往」則是進取的意思。三、四爻的「前往」、「退來」，則是進退的意思。**

□ 近比遠應

◎ 「近比」著重實際層面（務實），「遠應」著重精神層面（理想）。

◎ **爻與爻之間的對待，除了「前往」、「退來」、「前來」的對應關係之外，還有相應、不相應，以及比鄰的兩個爻位之間（--）陰、（一）陽爻的比附關係。**

◎ 相應、不相應：

初位與四位、二位與五位、三位與上位陰陽爻則相應，同為陰爻或陽爻則是不相應。

以既濟、乾卦為例：

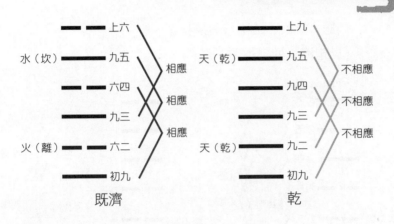

◎ 比附、不比附：

初位與二位、二位與三位、三位與四位、四位與五位、五位與上位陰陽爻則比附，同為陰爻或陽爻則是不比附。陽遇陰爻為親比，陰遇陽爻為依附。

以既濟、乾卦為例：

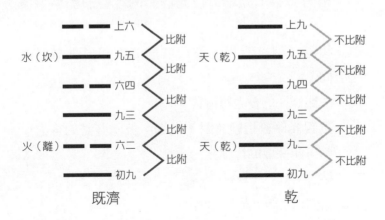

◎ 爻位上面的陰陽爻正不正、得中與否，皆與應不

應、比附不比附沒有關係。

以未濟、坤卦為例：

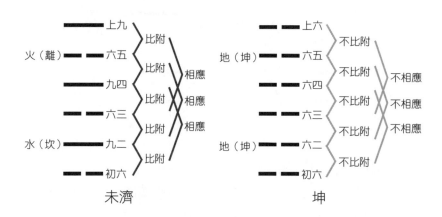

□ 補充（《周易形勢學》「導讀——如何演卦、判斷吉凶」）

◎ 有四個重點，作為分析解讀的依據～～

相同（對）立場、彼此群體的客觀形勢標準模式。

相同（對）立場、彼此群體的客觀形勢概略趨向。

主觀條件的實力與位置。

主觀條件對相同（對）立場、彼此群體的客觀形勢可能採取的行動。

結論

◎ 我們以（䷰）革卦為例：

上六「。」記號，代表「陰動無能」，維持現狀的陰爻記號。

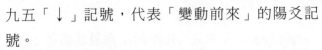

九五「↓」記號，代表「變動前來」的陽爻記號。

九四「▽」記號，代表「動能向下」，維持現狀的陽爻記號。

九三「△」記號，代表「動能向上」，維持現狀的陽爻記號。

六二「↑」記號，代表「變動前往」的陰爻記號。

初九「△」記號，代表「動能向上」，維持現狀的陽爻記號。

◎ **不論（--）陰、（－）陽爻的進退、往來、比附，就是「唯變所適」的最佳體現。「適」是什麼？順應形勢發展，適應環境變化。**

（☲）革卦演卦總結

卦別	六爻	符號	實力	位置	形勢	六爻演卦結果	三才	立場
上卦	上六	--	✕	○	。	上六宜維持現狀	天1	彼方
	九五	－	○	○	↓	九五宜前來	天3	
	九四	－	○	✕	▽	九四宜維持現狀	人5	
下卦	九三	－	○	○	△	九三宜維持現狀	人6	此方
	六二	--	✕	○	↑	六二宜前往	地4	
	初九	－	○	○	△	初九宜維持現狀	地2	

◎ 爻的動向，尤以（－）陽爻表現的比較明顯。以（☲）革卦為例，下卦的初九、九三陽爻走向是往上的，上卦的九五、九四陽爻的走向是往下的。因此，在六爻的你來我往當中就構成卦形（形

勢）的走勢。

◎ 然而，其中又以**九四的走向最是微妙！**當下卦全陽時，九四就和下卦諸陽群體聯成一氣，走向往上與天位的陽爻相對立；當下卦有陰爻產生的時候，九四就和天位陽爻聯成一氣，走向反過來往下與下卦陽爻相對立。革卦的下卦六二為陰爻，九四的走向往下，與九三相對立。如（䷀）乾卦、（䷪）夬卦、（䷝）大有、（䷡）大壯等四卦，九四陽爻走向都是往上的。另外，（䷬）萃卦下卦全陰，而九四陽爻走向卻是往上與天位的九五陽爻相對立，這是一個特殊情況。除此之外，大多數的九四陽爻其動能是向下的。

◎ **「本爻」這個主觀條件至為重要，既是一切對應關係的主體，演卦就此產生。**

□ 補充（《周易形勢學》「導讀──《周易》演卦的重要觀念」）

◎ **上、五天位，尊貴之位，下卦（—）陽爻不能直取。**下卦（—）陽爻要前往直取天位，其結果必須形成上卦全陽的局面才可直取。可見取天位的條件，單憑一個（—）陽爻的力量絕對辦不到。兩個以上的（—）陽爻前往，過與不及也一樣辦不到。所以，下卦（—）陽爻直取天位，不但要群策群力、還要時空配合適宜。

下卦（—）陽爻可直取天位，如（䷊）泰卦初九、（䷑）蠱卦九二、（䷨）損卦初九等。

下卦（－）陽爻不可直取天位，如（䷆）師卦
九二、（䷊）泰卦九二、（䷊）泰卦九三、（䷑）
蠱卦九三、（䷒）臨卦九二、（䷗）復卦初九、
（䷙）大畜九三、（䷣）明夷九三、（䷨）損卦
九二、（䷭）升卦九三等。

◎ **九四（－）陽爻不能直接退來初六。** 也許是九四
的單一能力，不足以處理相對立場的地根基層問
題。除非有五爻尊主一併前來，始能直來初六。
如（䷢）晉卦九四等。

□ 六爻演卦的理論與實踐

◎ 從兩儀、四象、八卦、六十四卦建立起的外在演
卦機制，再從六爻演卦、八項分類、四種狀況、
二個原則回歸到內在修為的境界，這是方法與理
論，實務與境界合一的完整過程，兩者齊頭並
進，不可偏廢，所以《周易》又稱「內聖外王」
之道。

◎ 六爻演卦分析主觀條件、客觀形勢。

◎ 八項分類指的是卦象的分類。

◎ 四種狀況靜吉、靜不吉、動吉、動不吉。

◎ 二個原則動與靜。

◎ 演卦起於太極，歷兩儀、四象、八卦、六十四
卦；修為則由六十四卦、八卦、四象、兩儀返歸
於太極。外觀卦象推演，內觀心思欲念，才能做
到全息觀照，誠所謂「心開意解」。心不開，
意不得解，縱使懂得演卦的道理，《周易》的內

涵，攤在面前也是視之不見，無法契入。

□ 六爻演卦實際上並不複雜，就是將以上這些基本觀念在六十四卦當中反覆思考應用，直到運用自如為止。

□ 補充（《周易形勢學》「導讀──結語」）

◎ 有了主觀條件（本爻），有了客觀形勢環境，有了主客觀的對應關係，利用這個演卦模式，由抽象、原則性的符號對應到具體的事務上面，我們即可找到可供參考的建議。為什麼是「建議」，而不是命中註定會怎樣？因為選擇的權利還是在當事人的手上。《易》占非宿命，而是「知天命」。知天命的目的就是要我們知道「天作孽猶可違，自作孽不可活」的道理，而不是要我們暢言怪力亂神，胡作非為，真正地做到「樂天知命」。

◎ 人們大都瞭解目前的處境，但對於未來的變化多懷有疑慮。然而環境變化是自然之道，求新求變，適應環境條件變化也是人的天性，同時我們也擔心在求新求變當中的「風險」。時下管理學非常流行「風險管理」，早在《周易》既已提及這樣的觀念。〈繫辭下十一章〉說：

《易》之興也，其當殷之末世、周之盛德邪？當文王與紂之事邪？是故其辭危。

意思就是說《周易》的興起，大概是在殷商末

期、周文王德業正是興盛的時候吧？當在文王臣事商紂王的期間吧？因此卦爻辭多有警惕危懼的意義。（當時文王的身份為周伯，是一方諸侯；稱「文王」之名當在其子武王姬發稱王之後所尊懿。）

◎ 管理學以學理為基礎，而《周易》以演卦為根據，都是由已知的現在，推測未知的可能性，都是由邏輯建立起的思考模式，提出對於「風險」的評估。經營事業，有事業的風險；經營愛情婚姻，有愛情婚姻的風險。學業、投資、工作等等，莫不如此，總合起來，就是經營人生的風險管理。筆者試想，當初周文王姬昌一定也有此深刻的體驗吧！才會創造出《周易》這套風險管理學。

◎ 周文王是歷代少數幾位賢能的政治領袖，他勵精圖治、廣納人才，以一方諸侯，將封地經營的有聲有色，朝氣蓬勃。他的成就震攝了當時殷商王朝的紂王，並遭到無情的打壓。文王大可發動軍事政變，但他知道以自己實力，未必能勝過殷商王朝。即使勝了，所要付出的代價太大！萬一敗了，前功盡棄，難保根基被連根挖起，苦心經營的結果也將付之一炬！他把總總狀況作了一番推演，一一做了風險評估。所以他採取了付出代價最少的方式，忍辱負重，用以保全方興未艾的事業版圖。文王也清楚自己有生之年，不可能取殷

商王朝而代之，他也懂得圖成不必在己的道理，將一個持續壯大的政治實力交給下一棒。他所展現的不單是處世的智慧，也是一種修養與膽識。筆者堅信《周易》這部書未必創作於文王之手，但這套《周易》經營管理學的演卦邏輯觀念，當出自周文王不做第二人想。

◎ 周文王研發出來的《周易》管理學，運用在占卜當然也是可以的。但筆者覺得只用於占卜，尚未把《周易》的精神發揮出來，實在可惜！基於這個理念，筆者一再著力於《周易》演卦的工作，期使能夠完整的重建起當時周文王這套《周易》管理學。筆者也深信，只要透過我們持續研究，讓《周易》這麼好的知識，能夠像過去一樣，世世代代的傳承下去。

《周易》

六十四卦形勢圖

乾

六爻	符號	形勢	六爻	符號	形勢	六爻	符號	形勢	六爻	符號	形勢
上九	—	▽	上九	—	↓	上九	—	▽	上九	—	▽
九五	—	▽	九五	—	↓	九五	—	↓	九五	—	▽
九四	—	↑	九四	—	▽	九四	—	▽	九四	—	▽
九三	—	△	六三	- -	○	九三	—	△	六三	—	○
九二	—	△	九二	—	△	六二	- -	○	六二	—	↑
初九	—	△	初九	—	↑	初九	—	△	初九	—	↑

上

六爻	符號	形勢	六爻	符號	形勢	六爻	符號	形勢	六爻	符號	形勢
上九	—	▽	上九	—	▽	上九	—	▽	上九	—	↓
九五	—	↓	九五	—	↓	九五	—	▽	九五	—	▽
九四	—	▽	九四	—	▽	九四	—	↓	九四	—	↑
九三	—	△	六三	- -	○	九三	—	↓	六三	—	○
九二	—	△	九二	—	△	六二	—	○	六二	—	○
初六	- -	○	初六	- -	○	初六	- -	○	初六	- -	○

兌

六爻	符號	形勢	六爻	符號	形勢	六爻	符號	形勢	六爻	符號	形勢
上六	- -	○	上六	- -	○	上六	- -	○	上六	- -	○
九五	—	▽	九五	—	▽	九五	—	↓	九五	—	▽
九四	—	↑	九四	—	▽	九四	—	▽	九四	—	▽
九三	—	↑	六三	—	○	九三	—	△	六三	—	○
九二	—	△	九二	—	△	六二	- -	↑	六二	—	○
初九	—	△	初九	—	△	初九	—	△	初九	—	↑

上

六爻	符號	形勢	六爻	符號	形勢	六爻	符號	形勢	六爻	符號	形勢
上六	- -	○	上六	- -	↓	上六	- -	○	上六	- -	○
九五	—	▽	九五	—	▽	九五	—	▽	九五	—	▽
九四	—	▽	九四	—	▽	九四	—	▽	九四	—	↑
九三	—	△	六三	—	○	九三	—	△	六三	—	↑
九二	—	△	九二	—	△	六二	—	○	六二	—	↑
初六	- -	○	初六	- -	○	初六	- -	○	初六	- -	↑

離上

六爻	符號	形勢	六爻	符號	形勢	六爻	符號	形勢	六爻	符號	形勢
上九	—	▽	上九	—	↓	上九	—	↓	上九	—	▽
六五	- -	○	六五	- -	↓	六五	- -	○	六五	- -	○
九四	—	△	九四	—	▽	九四	—	▽	九四	—	▽
九三	—	↑	六三	- -	○	九三	—	△	六三	- -	○
九二	—	↑	九二	—	△	六二	- -	○	六二	- -	○
初九	—	△	初九	—	△	初九	—	△	初九	—	△

上

六爻	符號	形勢	六爻	符號	形勢	六爻	符號	形勢	六爻	符號	形勢
上九	—	▽	上九	—	▽	上九	—	▽	上九	—	↓
六五	- -	○	六五	- -	○	六五	- -	○	六五	- -	↓
九四	—	▽	九四	—	↓	九四	—	▽	九四	—	▽
九三	—	↓	六三	- -	↓	九三	—	△	六三	- -	○
九二	—	△	九二	—	△	六二	- -	○	六二	- -	○
初六	- -	○	初六	- -	○	初六	- -	○	初六	- -	○

震上

六爻	符號	形勢	六爻	符號	形勢	六爻	符號	形勢	六爻	符號	形勢
上六	- -	○	上六	- -	○	上六	- -	○	上六	- -	○
六五	- -	○	六五	- -	↓	六五	- -	○	六五	- -	○
九四	—	↑	九四	—	▽	九四	—	▽	九四	—	▽
九三	—	△	六三	- -	○	九三	—	△	六三	- -	○
九二	—	△	九二	—	△	六二	- -	○	六二	- -	○
初九	—	△	初九	—	↑	初九	—	△	初九	—	↑

上

六爻	符號	形勢	六爻	符號	形勢	六爻	符號	形勢	六爻	符號	形勢
上六	- -	○	上六	- -	↓	上六	- -	○	上六	- -	○
六五	- -	○	六五	- -	↓	六五	- -	↓	六五	- -	○
九四	—	▽	九四	—	▽	九四	—	▽	九四	—	▽
九三	—	△	六三	- -	○	九三	—	△	六三	- -	○
九二	—	△	九二	—	△	六二	- -	○	六二	- -	○
初六	- -	○	初六	- -	○	初六	- -	○	初六	- -	○

巽（上）

六爻	符號	形勢	六爻	符號	形勢	六爻	符號	形勢	六爻	符號	形勢
上九	—	▽	上九	—	▽	上九	—	↓	上九	—	↓
九五	—	▽	九五	—	▽	九五	—	▽	九五	—	↓
六四	- -	○	六四	- -	○	六四	- -	○	六四	- -	○
九三	—	△	六三	- -	○	九三	—	△	六三	- -	○
九二	—	△	九二	—	△	六二	- -	○	六二	- -	○
初九	—	△	初九	—	△	初九	—	△	初九	—	↑

六爻	符號	形勢	六爻	符號	形勢	六爻	符號	形勢	六爻	符號	形勢
上九	—	▽	上九	—	↓	上九	—	↓	上九	—	↓
九五	—	▽	九五	—	↓	九五	—	▽	九五	—	↓
六四	- -	↓	六四	- -	○	六四	- -	○	六四	- -	○
九三	—	△	六三	- -	○	九三	—	△	六三	- -	○
九二	—	△	九二	—	△	六二	- -	○	六二	- -	○
初六	- -	○	初六	- -	○	初六	- -	○	初六	- -	○

坎（上）

六爻	符號	形勢	六爻	符號	形勢	六爻	符號	形勢	六爻	符號	形勢
上六	- -	○	上六	- -	○	上六	- -	○	上六	- -	○
九五	—	▽	九五	—	↓	九五	—	▽	九五	—	▽
六四	- -	↑	六四	- -	○	六四	- -	○	六四	- -	↑
九三	—	△	六三	- -	○	九三	—	△	六三	- -	○
九二	—	△	九二	—	↑	六二	- -	○	六二	- -	○
初九	—	△	初九	—	△	初九	—	△	初九	—	△

六爻	符號	形勢	六爻	符號	形勢	六爻	符號	形勢	六爻	符號	形勢
上六	- -	↓	上六	- -	○	上六	- -	↓	上六	- -	○
九五	—	▽	九五	—	▽	九五	—	▽	九五	—	↓
六四	- -	○	六四	- -	○	六四	- -	○	六四	- -	○
九三	—	△	六三	- -	○	九三	—	↓	六三	- -	○
九二	—	△	九二	—	△	六二	- -	○	六二	- -	○
初六	- -	○	初六	- -	○	初六	- -	○	初六	- -	○

艮

六爻	符號	形勢	六爻	符號	形勢	六爻	符號	形勢	六爻	符號	形勢
上九	—	↓	上九	—	↓	上九	—	↓	上九	—	↓
六五	--	○	六五	--	○	六五	--	○	六五	--	○
六四	--	○	六四	--	○	六四	--	○	六四	--	○
九三	—	△	六三	--	○	九三	—	△	六三	--	○
九二	—	△	九二	—	△	六二	--	○	六二	--	○
初九	—	△	初九	—	↑	初九	—	△	初九	—	△

上

六爻	符號	形勢	六爻	符號	形勢	六爻	符號	形勢	六爻	符號	形勢
上九	—	▽	上九	—	▽	上九	—	↓	上九	—	↓
六五	--	○	六五	--	○	六五	--	○	六五	--	○
六四	--	○	六四	--	○	六四	--	○	六四	--	○
九三	—	△	六三	--	○	九三	—	△	六三	--	○
九二	—	↑	九二	—	△	六二	--	○	六二	--	○
初六	--	○	初六	--	○	初六	--	○	初六	--	○

坤

六爻	符號	形勢	六爻	符號	形勢	六爻	符號	形勢	六爻	符號	形勢
上六	--	○	上六	--	○	上六	--	○	上六	--	○
六五	--	○	六五	--	○	六五	--	○	六五	--	○
六四	--	○	六四	--	○	六四	--	↓	六四	--	○
九三	—	△	六三	--	○	九三	—	△	六三	--	○
九二	—	△	九二	—	△	六二	--	○	六二	--	○
初九	—	↑	初九	—	△	初九	—	△	初九	—	△

上

六爻	符號	形勢	六爻	符號	形勢	六爻	符號	形勢	六爻	符號	形勢
上六	--	○	上六	--	○	上六	--	↓	上六	--	○
六五	--	○	六五	--	○	六五	--	↓	六五	--	○
六四	--	↓	六四	--	↓	六四	--	↓	六四	--	○
九三	—	△	六三	--	○	九三	—	↓	六三	--	○
九二	—	△	九二	—	△	六二	--	○	六二	--	○
初六	--	○	初六	--	○	初六	--	○	初六	--	○

《周易》

卦名義理簡易彙編

周易上經

𝌆 111／111　乾（通行本第01卦）／鍵（帛書本第01卦）

　　天行健；君子以自強不息。天。乾，行亨。飛龍在天。萬物之父。乾天剛健，自強不息，永不放棄。自立自強，龍馬精神。潛龍在淵的智慧。乾龍飛天處處蹤。剛強者的進取哲學。適時而動的龍精神。做自強不息的勇者。純陽剛正，萬物始生。找到自己的人生位置。成功源自努力。天道酬勤，剛健的處世智慧。剛健有為，人的意志與理想。人生的公式。人生在於努力、奮鬥，自強不息。君子的隱潛和顯露之道。在生命的軌道中不息前行。要有成為領袖人物的欲望，培養自己的領袖氣質。立志與持志。學習天道的自強不息。天道，是人類至高無上的行為規範。君子當自強不息，惟自強是成才之道。從潛龍在淵到飛龍在天，勇往直前一步一步接近目標，夢想有多大事業就有多大。厚積薄發，成就事業，把握限度，守住成果。

𝌀 000／000　坤（通行本第02卦）／川（帛書本第33卦）

　　地勢坤；君子以厚德載物。地。坤，載順。陰柔之美。萬物之母。坤地方直。上善若水，柔而能剛，學會

包容，不要浮躁，順應時勢，力戒浮躁。包容的處世智慧。胸懷寬廣才能贏得更多擁護。寬容柔順，人的道德與品格。有容乃大，學會寬容化解矛盾。誠信是航標，勤奮是基石，以人為本，德達天下。大地母親胸懷廣。德留下一片空間。柔順者的輔佐哲學。論行事要有前瞻性。像大地一樣柔順包容。交友處世以「容」為本。培養寬廣胸懷的方法。胸懷有多寬，事業就有多廣。地的法則，即君子之行應安靜、方正、包容而不排斥。以品格立人，以氣度處世，品格是最可貴的財富，在心靈中為美。看清局勢，審時度勢，小心行舟，以柔克剛。

䷂010／001　屯（通行本第03卦）／屯（帛書本第23卦）

雲雷，屯；君子以經綸。屯，裂生。萌生艱難。艱難創始。開創基業。經綸明志。選準時機，建功立業的智慧。動盪中萌發生機。最難莫過創業初。草創時刻，充滿艱難。不可久行征伐。萬事開頭難。萬事起頭難。萬物初生舉步維艱。萬物萌生，屯積生息。信念是光，有光乃明。信念創造奇蹟，堅定鑄就輝煌，信念就是生存的基礎，堅定的意志是成功的基礎。艱難困苦育新生。艱難開端的處世智慧。舉步維艱，迎難而上，困境中的信念與堅持。不斷進取，走出幼稚階段。在剛柔始交之際成長。遇到難題時需勇於面對。永不放棄的人離幸福最近。克服艱險，積蓄實力。善於積小成大，打造

穩固基礎。迎難而進，積蓄力量，冷靜面對現實。堅信創業的困難總是暫時的，做事要有一股狠勁。天地從草創時應採取的進取態度，到處於進退兩難時，應當以退守自保求得平安。創業艱辛，忍耐單調，相時而動，穩中求勝。

䷃ 100／010　蒙（通行本第04卦）／蒙（帛書本第13卦）

山下出泉，蒙；君子以果行育德。蒙稚。蒙，求教。蒙昧蠻荒。啟蒙之道。教育原則。啟蒙教育。擺脫蒙昧。發蒙啟智。文明啟蒙。教育啟蒙的智慧。啟蒙發智，尊師敬學。啟蒙發智，樹的根本。用知識武裝自己，用學習改變命運，用智慧統領知識。學習是一生的事情。為自己的命運做主。開蒙樂學，培正研習。遠離疏懶，走出蒙昧。困境中啟蒙的處世智慧。會當老師，更得會當學生。傳道授業解惑是師之根本。草創時期，君啟民智的重要性。擁有的知識越廣博越好。昔日「吳下阿蒙」，今日「學富五車」。人的生命力在於思考，青年人需要創造性。好學不倦，不斷提高自己方能管好別人。擺脫蒙昧開啟智慧，目標明確與善於反省。知識練就點石成金術，善於將知識轉化成資本。因材施教，各司其職，各得其所，切忌互擾。

䷄ 010／111　需（通行本第05卦）／襦（帛書本第

18卦）

　　雲上於天，需；君子以飲食宴樂。需待。需，魚祭。等待時機。伺機而動。韜晦待時。攝取營養。行事獲利越多風險也越大。需待道暢茁壯長。耐心等待時機。耐心是成功的基石。耐心等待，守持正固。耐心等待時機來臨，賺大錢要有氣定神閒的從容。不動聲色，看看到底誰在搗亂。不要放棄一線希望，堅忍是成功者的特徵。揣時度力待時動。越是難險越向前。持之以恆的智慧。積雲渴雨，需飲求食。厚積薄發的處世智慧。藏器於身需等待時機。有時只需要一點耐心。等待就是給自己創造機會。抓住時機，不讓機會溜走。在草創時期，等待時機的原則。誅惡時要找到癥結之後再出手。善於待機，在等待中把握整肅風氣的良機。待時而動，光明亨通，逆境中的耐心與轉機。隱忍以待時機，厚積才能薄發，隱忍以行，以退為進，不要逞匹夫之勇。學會等待，雷打不動，持之以恆，大局為重。

䷅ 111／010　訟（通行本第06卦）／訟（帛書本第05卦）

　　天與水違行，訟；君子以作事謀始。爭訟。訟，斷水。禍從口出。止息爭訟。停止爭訟。生存競爭。深謀遠慮。有理有節。並非做任何事情都要堅持到底。止訟息爭杜根源。止訟免爭，持中不偏。和諧才是至理。和氣生財，避免爭訟，競爭中的處事之道。理直而氣

和更易征服下屬。理性地面對爭執，謹慎做人，避免爭執，多看多聽少開口，謹言慎行。打官司的學問。蟻鬥蝸爭是非留。退一步海闊天空。解決爭端的智慧。冷靜地面對爭執。面對矛盾要以和為貴。成人之美，利人利眾。公正平和，訟興不爭。慎爭戒訟的處世智慧。及早著手，避免和消除上下矛盾。害人之心不可有，防人之心不可無。當止則止，儘量避免產生正面衝突。在事業的進行中，不可爭訟的道理。少打官司，官司能不打就儘量不打，控制好爭強鬥勝的個性。學會自控，有容乃大，莫逞口舌，實力說話。

☷☵ 000／010　師（通行本第07卦）／師（帛書本第37卦）

地中有水，師；君子以容民畜眾。兵眾。師，征戰。用兵之法。出師用兵之道。師出有名，良將無敵。師出以律，讓每個人都面對制度。用人之道。用人得當，領導者要會用兵選將，領導者分工放權，下屬人盡其責。不可重用小人的道理。聚伍紛戰。德高方能服眾。武王伐紂實錄。正義之戰仁義師。頓綱振紀重法度。得人心者得天下。帶兵打仗的智慧。心靈在戰爭中的作用。選將以道，選將以德。人盡其才，物盡其用。統帥兵眾，紀律嚴明。化干戈為玉帛是上策。興師動眾不如妥協雙贏。不要動不動攻擊、欺侮他人。把制度作為賞罰的唯一準繩。有效執行比精心製定更重要。息弭

芥蒂，包容的處世智慧。公平公正，適才專用，領導有方與用人得當。做正直人，做正義事，挺起做人的脊梁，君子慎獨。敢於用人，果斷放權，唯才是舉，提防小人。

䷇ 010／000　比（通行本第08卦）／比（帛書本第19卦）

地上有水，比；先王以建萬國，親諸侯。親比。比，親和。親附之道。親比交友之道。相親相輔，光明無私。相親相輔，同心協力，團隊精神與企業凝聚力。親合相依。親君子，遠小人。一部古代外交統戰大綱。以和為貴。上下同心。團結親附仁者。端本正源川歸海。交朋擇友的智慧。依附他人的道理。四海之內皆兄弟。他山之石，可以攻玉。慎擇好友，密交親比。擇善而從可以通行無阻。合作共贏，識時務為俊傑。謹慎交友，交真正的朋友。堅守正道，誠信的處世智慧。給員工出路就是給企業鋪路。共同發展，雙贏是發展自己的最佳選擇。幫助員工進行職業生涯設計。真心對待人和事。實施人性化管理最具凝聚力，擰成一股繩，力往一處使。用共同願景把大家擰成一股繩。誠心納才，誠心交友，你付出什麼，就得到什麼，真誠對待身邊的人，別人也會用真誠。相輔相成，萬眾同心，以身作則，一派正氣。

☰ 110／111　小畜（通行本第09卦）／少離、少藪（帛書本第58卦）

　　風行天上，小畜；君子以懿文德。小有蓄聚。小畜，裕。以陰蓄陽。怎樣對待錯誤。養聚知止求小康。養精蓄銳，隱忍的處世智慧。小有成就。積德行善的智慧。積蓄力量，爭取支援。積小勝多，以柔制剛。積累等待是必然的過程。涵養心靈。誠信立德。原始積纍。一鳴驚人震天下。戮力齊心謀大道。古代農業生產掠影。密雲不雨時做積累。以柔克剛，小畜積雨。聚沙成塔，集腋成裘。因應一時困頓的原則。平平淡淡才是真，享受簡單。避鋒芒與找機會都不能偏廢。險境之中要以蓄待機、以止為行。合理計劃，潛心修煉，計劃周密適時而動。靜觀其變，機遇有時，必須等待才能得到。蓄積整頓，不斷壯大，經營中的積蓄資金與精打細算。由小積大，做生意不可有一步登天的貪婪之心，不擇細流，聚沙成塔，積腋成裘。為人誠，則事必順；為人信，則事必成，無以誠不能定天下，無以信不能服天下，誠信之人總能贏得更多矚目。陰陽有數，順時而變，完善人格，剛柔相濟。

☰ 111／011　履（通行本第10卦）／禮（帛書本第04卦）

　　上天下澤，履；君子以辨上下，定民志。小心行走。履，道擔。慎行防危。猛虎無形。小心行事。謹慎

行事。怎樣避免犯錯誤。謹言慎行，履冰冒險。謹慎行事保一生安康。謹慎實踐，有如履薄冰的慎重感，腳踏實地，一步一步走出自己的路來。由行為到規範。正己守道無憂懼。獨善其身的智慧。評價成敗的原則。如履虎尾致元吉。尊重事實，謹小慎微。堅定信念，量力而行。言而有信，行而有禮。謙虛謹慎，循禮而行。管理者要成為節約的典範。做事有目標，行動靠計劃。禮儀規範。前進路上有老虎。思路決定出路，眼界決定境界。讓公司內的每個人都厲行節約。素履行願，節約成本是企業的頭等大事。瞄準目標去做事。做人做事「慎」字為先。腳踏實地的處世智慧。慎行才能不被虎咬傷。積極實踐，回避風險，經營中的膽大與心細。小心謹慎，尋求規律，不可貪功，步步為營。

䷊ 000／111　泰（通行本第11卦）／柰（帛書本第34卦）

天地交，泰；後以財成天地之道，輔相天地之宜，以左右民。通泰。天地通泰。天地通氣，通泰和諧。天人合一，安康和諧。陰陽交泰。事物變化的原因在其自身。小往大來的智慧。小損失換來大回報。持盈保泰之道。持盈保泰，做企業要時刻保持危機意識，細節決定成敗，謹防小事壞掉大局。陰陽和諧。陰陽交合，安泰亨通。嚮往美好。外柔內剛善變通。心氣交通天地泰。權時制宜知進退。政通人和享太平。包容之道在於

遠見。溝通包容可得安泰。日中則昃，月滿則虧。人無遠慮，必有近憂。做人應做個謙謙君子。柔和順應、內蓄的處世智慧。活力與創造力是淘汰出來的。製造「危機」，激活組織潛力。用「鯰魚式」人物製造危機感。不進則退，設法讓員工擁有危機意識。持盈保泰，居安思危，暫時的穩定與長久發展。內心方而外表圓，內君子而外小人，做人要方圓兼備，剛柔相濟方圓無礙。同舟共濟，共創大業，團結大眾，爭創輝煌。

☴ 111／000 否（通行本第12卦）／婦（帛書本第02卦）

天地不交，否；君子以儉德辟難，不可榮以祿。否閉。天地不交時就要逃避。天地不通。不交不通。堅守信念。處亂世之道。政局否塞的原因是居上位者喜好這種局面。否泰興亡關人事。否極泰來，先亂後治。否極泰來，先否後喜，把握時機與扭轉局面。否極泰來，事情壞過頭好運就不遠了，伸手相助救人於危難之間。大往小來的智慧。大往小來，勤儉的處世智慧。踏平坎坷變通途。莫為浮雲遮望眼。修持自身以避禍。志潔行芳黑白明。烏雲遮不住太陽。面對厄運臨危不亂。陰陽不合，阻滯閉塞。應對困境，勇氣無敵。泰極否來，否極泰來。寧得罪君子，不得罪小人。以其人之道，還治其人之身。管人也要學會妥協和委曲求全。做人應懂得韜光養晦、隱藏鋒芒。把屈服當作重歸「泰」勢的前夜。

小人勢長，君子勢消時的應對之道。忍小取大，身處劣勢時要能靈活應對。臨危不亂，否極泰來，面對厄運臨危不亂，修持自身以避禍。遠離小人，摒棄私利，廣開言路，化險為夷。

䷌ 111／101　同人（通行本第13卦）／同人（帛書本第06卦）

天與火，同人；君子以類族辨物。和同與人。天下為公世大同。和睦相處。會同和諧。和同之道。關懷他人。分久必合。和同他人之道。同人於野的智慧。同人大同，同心同德。同心同德，團結向上。同人於野，和合的處世智慧。和睦相處，融入團隊，現在是一個團隊的時代，平易近人，一視同仁。心與世界一體。戰爭全景俯瞰。求同存異休戚共。好搭檔能取長補短。厚道處世，合作者眾。以德報怨，不計前嫌。大同世界，天下為公。人以群分，物以類聚。尋找自己的最佳拍檔。步調和諧才能涉過大河。與人合作，做大人生局面。正確處理團隊的內部衝突。用團隊精神為團隊「造勢」。上下團結是組建團隊的前提。團結奮進，打造通力合作的戰鬥團隊。志同道合，互惠合作，通力合作與發展壯大。通力合作，不要個人英雄主義，而是集體英雄主義，堅強有力的同伴是事業成功的基石。人間大同，齊心開創，明辨重輕，善加取捨。

☰101／111　大有（通行本第14卦）／大有（帛書本第50卦）

火在天上，大有；君子以遏惡揚善，順天休命。大獲所有。富有之道。博愛。保持富有。國家富裕了居上位者也不可以驕。順天休命，則能大而恆有。順天依時，大有的處世智慧。自天佑之的智慧。自命不凡難成大有。精神物質雙豐收。要有一顆富貴的心。大有之後不忘謙德。古代農業豐收的場景。內剛外柔是亨通之道。對待成功的因應之道。昌盛富有，滿不可溢。紅霞滿天，大有收穫。欲成大事者，必備剛柔。萬物所歸，高度由氣度決定。越是「大有」越要自我抑制。軟招硬招一起用，黑臉白臉一起唱。滿而不溢，擁有滿而不溢的大將風度。有德有威，剛柔併濟，管理者人格魅力與權力威信。居上不驕，平易近人，收起優越感，把別人放在心上。恩威併舉，威信是贏得信賴和忠誠的魔杖，學會對權力進行有效的控制。行事有度，居安思危，切忌享樂，力創新高。

☷000／100　謙（通行本第15卦）／嗛（帛書本第35卦）

地中有山，謙；君子以裒多益寡，稱物平施。謙虛。謙虛行事。德才相濟。謙虛之德。謙卑之道。謙虛使人進步。謙虛受益驕必敗。謙虛戒驕，謹慎戒躁。謙虛謹慎，謙虛平和更易得到擁護。謙虛不意味著軟弱。

屈躬下物，先人後己。謙虛謹慎，虛懷若谷，滿招損，謙受益，氣量就是最好的修養。謙虛是美德。德謙通達，戒驕戒躁，謙虛者發展，恃傲者必敗。得意時勿忘謙卑。得意不忘形，以謙卑抑之。三才益謙。卑以自牧的智慧。心靈寬闊者的表現。屈躬下物，先人後己。骨子裡驕傲，但外表要謙和。保持謙虛美德。內隱不外露的處世智慧。創造不可逾越的謙下。把下屬的長處「偷」過來。向下屬學習也是一種激勵。滿遭損謙受益。不驕不躁，驕傲的人必遭失敗結局，平易近人，和氣生財。謙虛待人，提高人格，切忌虛偽，當仁不讓。

001／000　豫（通行本第16卦）／餘（帛書本第27卦）

雷出地奮，豫；先王以作樂崇德，殷薦之上帝以配祖考。歡樂。心情怡悅。快樂之道。求大愉悅。和樂。處安樂之道。隨機應變，與時偕行。隨時都需要好整以暇。得意不忘形。得意不能忘形。小心樂極生悲。歡愉和樂的智慧。後天下之樂而樂。創業難，守成更難。豫樂自警，謹防生變。拿出真誠，注意小事。生於憂患，死於安樂。喜悅和樂，居安思危。順時而動，所以暢快。身體力行的處世智慧。快樂達觀，快樂是一種態度。用自己的真心換員工的忠心。凡事豫則立，不豫則廢。以誠相待，做一個讓人心甘情願追隨的領袖。安逸和樂，懂得享受，賺錢、健康和享受人生要兼顧。體驗

快樂，別總把自己逼得很緊張，不要忙著賺錢不顧命。樂極切勿生悲，不能大意，更不能得意，不要讓成績成為你的包袱。樂亦有道，不可無度，與眾共樂，杜絕惡習。

䷐ 011／001　隨（通行本第17卦）／隋（帛書本第47卦）

澤中有雷，隨；君子以嚮晦入宴息。隨從。擇善而從。從宜適變。當隨則隨。改變舊觀念。隨緣不變的智慧。隨和眾人，順其自然。隨動而悅的處世智慧。隨和眾人，順其自然。隨機應變，與時俱進。隨時變化，與時偕行。隨機應變，擇勢而為，經營決策中的知變從權。隨機應變，順勢而為，時刻注意時勢與位勢，力保隨機應變。交際的藝術。反抗與鎮壓。與優秀者為伍。不可因小失大。相隨而從止於善。怎樣使人追隨之道。放軟身段，隨機而行。追隨別人時的原則。正己隨眾利天下。跟從的學問。員工的建議愈受重視就愈負責任。採諫納議，廣開言路，擇善而從。培養意識，學會隨從，提高警惕，知人善任。

䷑ 100／110　蠱（通行本第18卦）／筒（帛書本第16卦）

山下有風，蠱；君子以振民育德。除弊治亂。物壞待治。子承父業。匡正扶危。整飭修治。治理弊端。

知己知彼。革清弊政。繼承和發展先輩的事業。匡救父弊治蠱亂。整治不良現狀，不能姑息養奸。懲弊治亂，謹始慎終。懲前毖後，有錯必糾。懲前毖後，學會糾正錯誤。治理積弊，撥亂反正，治理整頓企業弊端。解除困惑。振疲起衰之道。重整山河待後生。改革創新的智慧。定力如山排除內憂。培養品德，抵制蠱惑。除蠱去惑，振民育德。遠謀深慮的處世智慧。老成持重地面對麻煩。靜對麻煩，革故鼎新。怎麼對付心靈上的毒蟲。對於奸邪之徒絕不能「心太軟」。當機立斷，除弊治亂需要非凡的魄力。及時改錯，當改速改，樹立新風，不怕誤解。

䷒ 000／011　臨（通行本第19卦）／林（帛書本第36卦）

澤上有地，臨；君子以教思無窮，容保民無疆。監臨。統馭之術。治民之道。審時度勢。監臨履行。力量增長。領導藝術。古代的領導藝術。古代領導學大綱。恩威並施原則。恩威並施，既要以仁為本又要剛柔併用。監臨天下，恩威並濟。領導的原則。行動體現價值。胸懷感化之心。感化為交際妙方。居安思危的智慧。臨危不懼，吉無不利。敦厚待人，深刻待己。為政以德乃親民之舉。盛德感召的處世智慧。蒞臨指導，體察下情，溝通交流與上下和應。秉寬容之心，做感化之事，原諒比指責更有效。統領全局，真誠待下，明確紀

律，身體力行。

䷓ 110／000　觀（通行本第20卦）／觀（帛書本第59卦）

　　風行地上，觀；先王以省方觀民設教。觀仰。觀察事物。明察秋毫。觀察之道。觀察辨析。觀而後學。由此知彼。蔚為大觀。侯王君主應如何看待自己。觀察的藝術與方法。觀民設教的智慧。觀下瞻上的處世智慧。讓人瞻仰之道。讓執行者參與製定計劃。向他人學習。多角度觀察事物。萬國觀光見盛德。做人要有自知之明。誠信嚴正，恭敬仰慕。俯察仰觀，通情達理。誠信嚴正，恭敬仰慕。深入瞭解自己的企業和員工。旁觀者清，善察民情以保舉得當。學會審視自己、評價他人，切忌主觀臆斷。敏銳觀察，發現本質，觀察思考辨析與抓住商機。勤於觀察，由此知彼，瞭解對手，洞察人性，看透之後再出手。一心為人，多創實績，真誠可靠，自得人心。

䷔ 101／001　噬嗑（通行本第21卦）／筮盍（帛書本第55卦）

　　雷電，噬嗑；先王以明罰勅法。嚙合。過失。文飾美化。以硬對硬。恩怨分明。刑法嚴明。執法必嚴。刑獄嚙咬。施刑之道。以法治國，以法教民，知法守法。公正無私才能無畏無懼。公平公正，在心中架起一架天

平。執行力就是競爭力。秉公持正利用獄。賞罰分明的智慧。溝通，突破阻礙。法律是社會的牙齒。有節度地進行約束。小懲大戒，政通人和。克服成功途中的障礙。懲之以法的處世智慧。噬嗑重法，明斷法刑。飲食之喻與犯人的改造。切實做到「誅罰不避親」。針鋒相對，以硬對硬，解決對抗性矛盾的智慧。堅持原則，恩怨分明的待人接物之法，高一步立身，高一步的追求。善惡有道，好自為之，德才服人，莫存邪念。

䷕ 100／101　賁（通行本第22卦）／蘩（帛書本第14卦）

山下有火，賁；君子以明庶政，無敢折獄。文飾。執法斷獄。以德服人。禮儀形象。繪事後素。文飾之美。文飾文質彬彬致「賁」道。禮儀之道，返璞歸真。禮儀修飾，樹立形象，員工形象管理與企業形象塑造。文飾與本質。外表與心靈。注重自我形象。向別人展示自我。怎樣裝飾才最美。曲則有情的智慧。隨需應變量體裁衣。以文化成，賁飾修美。少些浮躁，多些實幹。美化文飾，恰如其分。裝扮得體，禮法得當。巧扮文飾的處世智慧。做有法必依的執法者。讓舉止衣著與身分相符。人工雕飾難敵天然質樸。腳踏實地，外表固然重要，實幹才是根本。樹立個人形象，學會包裝自我，想做成功者，先像成功者，要捨得在形象上投資。學會修飾，追求自然，順應規律，不可輕視。

☶ 100／000　剝（通行本第23卦）／繫（帛書本第11卦）

山附於地，剝；上以厚下安宅。剝落。抗拒腐蝕。退守待變。剝爛朽蝕。轉化煩惱。適可而止。去偽存真。進攻無形。未雨綢繆。剝喪橫流覓生機。剝偽存真，去華修質。適時清理內部「毒素」。防微杜漸的智慧。鬥爭的策略。應對敗落的原則。衰敗時靜候時機。解雇也要講究藝術。小人當道，謹慎隱忍。能屈能伸方為大丈夫。審時度勢，保護自我。以智慧和勇氣面對衰敗。宇宙生生的種子「碩果」。蓄勢待發，適時抑制的處世智慧。崇尚中庸，適可而止，凡事取乎中，大道歸一。果斷解雇，及時剔除團隊裏的害群之馬。暗度陳倉，慢慢滲透，以無形之壓攻破對手防線。注意小人，培養忠臣，識別人性，防患未然。

☷ 000／001　復（通行本第24卦）／復（帛書本第39卦）

雷在地中，復；先王以至日閉關，商旅不行，后不省方。陽氣回復。改過。正氣回復。陽氣的回復。萬物復興。迷途知返。復歸正道。返初復始。周而復始。迷暗知復透微曦。善於改過自新。善於總結，善於反省，認識錯誤是拯救自己的第一步，及時調整自己。回家的感覺。適時休養生息。浪子回頭金不換。休養生息的智慧。在衰落中恢復的原則。山重水複，復始新生。正氣

回復，為所當為。一陽復生時火膽行動。放棄與妥協，學會放棄。低頭認錯遠勝過抬頭辯解。自鑒，返回復歸的處世智慧。自己錯了就要勇於向下屬道歉。積極行動，讓「厭倦」隨風而去。知錯就改，認錯是提升形象的重要手段。有錯必改，復歸正道，錯誤防範與調整修正。保持信念，鍥而不捨，負起責任，接受考驗。

☳ 111／001　无妄（通行本第25卦）／無孟（帛書本第07卦）

　　天下雷行，物與無妄；先王以茂對時育萬物。不妄為。不可妄為。不可妄動。行為無妄。無妄之人。無妄之災。天雷無妄的智慧。不妄為的道理。不可妄動，心地純正，杜絕非分之想與按規矩辦事。不固執，多求證，太過固執，永遠找不到出路，走自己的路也要聽聽別人怎麼說。無妄循道，超然睿智。「無妄之災」並非沒有原因。必然與偶然。行動須謹慎。沒病不必吃藥。投機取巧只能招災。以正祛邪歸「無妄」。謹防在陰溝裡把船翻。真實無妄的處世智慧。做事順應事物的規律。合乎正道，心安理得。堅守正道才能避免無妄之災。切忌妄行，走得正行得端才能事業順利。不可妄為，切莫意氣，知己知彼，八風不動。

䷙ 100／111　大畜（通行本第26卦）／泰蓄（帛書本第10卦）

天在山中，大畜；君子以多識前言往行，以蓄其德。大為蓄聚。德智蓄養。蓄德養賢。蓄養生息。富甲天下。有節奏地推進事業。蓄德養賢路通天。蓄德聚力，剛健篤實，厚積薄發。蓄而後動，寓進於蓄，欲動先止，止而後動。不斷提高自身的管理技能。不斷積蓄力量，成就大的事業。修名不如修德。修心養德的處世智慧。廣開致富門路。在阻礙中蓄積。注重才德的修養。日新其德的智慧。擇得人才共謀大事。避免輕舉妄動的原則。既富且強，當止則止。大畜包容，才德日新。什麼才是真正的財富？擁有令人敬服的個人品質。只有國家得益才能算成功。休養生息，積蓄實力，經營者的養心與蓄力之道。敢於選擇，勇於放棄，放棄並不代表丟棄，今天的放棄是為了明天的得到。重視積累，張弛有度，明確正道，持之以恆。

䷚ 100／001　頤（通行本第27卦）／頤（帛書本第15卦）

山下有雷，頤；君子以慎言語，節飲食。頤養。養生之道。自求口實。頤養之道。頤養天和。怡情養性。填奢節欲。頤養以正頌聲興。頤情養志，安享其成。頤養天下，取之於民。頤養，堅守正道的處世智慧。頤養之道，自食其力，獨立自主與苦心經營。修身養性得長

生。修心養性，以德為先。行事要有主見。求人不如求己。天意與人意之間。自求口實的智慧。莫貪小便宜喫大虧。日常生活中頤養自己。節制飲食，以正養生。企業缺了人就是「止業」。尊賢重能，營造聖賢歸的局面。養賢澤天，養賢可以兼養天下。節儉是幸福的開始，節欲是快樂的源頭，君子以慎言語，節飲食，知足者常樂。善於頤養，心態平和，以退為進，東山再起。

☱☴ 011／110　大過（通行本第28卦）／泰過（帛書本第48卦）

澤滅木，大過；君子以獨立不懼，遯世無悶。大為過甚。以柔濟剛。改過糾錯。物極必反。過中不當。獨立不懼。盲目致禍。奔赴國難要毫無私心。以偉大的力量和完善的德行跨越大的過渡。人在危難時刻。陽剛陰柔須平衡。遯世無悶的智慧。「大過」亂世育英才。糾防大過，獨立不懼。剛柔相濟，力求平衡。躁進者須知過猶不及。切忌輕闖「龍潭虎穴」。面對危機時要「獨立不懼」。力挽狂瀾，危機四伏時親自中流擊水。敢冒風險，不怕失敗，膽魄與機遇的獲得。盲目導致災禍，冒進陷入泥潭，做事切不可急於求成，切勿急功近利。克制剛猛，謹慎穩重，明確得失，中和是美。

䷜ 010／010　習坎（通行本第29卦）／習贛（帛書本第17卦）

水洊至，習坎；君子以常德行，習教事。重重險陷。水流就下。排難脫險。越過雷區。排難脫險。脫離險境。小處脫困。如何看待事業的低谷。高歌正氣越險道。習坎行險的智慧。周文王被囚實錄。同舟共濟，突破險難。執著專一的處世智慧。身處逆境，前途坎坷。同舟共濟，突破險難。坎水闖關，守信依時。立志如山，行道如水。最艱難時刻也莫忘誠信。從坎坷不平中超昇自我。以剛強的內心超越坎坷。對員工表示信任。信任能讓員工自我管理和激勵。只有充分信任，才能有效授權。突破險難時應遵守步步為營的原則。相信下屬，信任是激勵員工的精神指揮棒。流而不盈，險不失信，堅定剛毅誠信與走出險境。用勇氣征服挫折，以信念走出困境，任何時候都沒有理由退縮，在絕境中要看到希望。保持冷靜，團結群眾，萬眾一心，出奇制勝。

䷝ 101／101　離（通行本第30卦）／羅（帛書本第49卦）

明兩作，離；大人以繼明照於四方。附著。火炎向上。相依共存。穩中求勝。依附行為。招納人才。依附借力。依靠朋友講究訣竅。依附外力，藉勢經營，商業經營中的借力智謀。從容鎮定，穩中求勝，從容不迫才是高手，遇事要有幾分鎮定。像火那樣燃燒。突襲與反

擊。背靠大樹好乘涼。日月麗天的智慧。養火以正成文明。離火艷麗，柔順附麗。有所依托，柔順中庸。綿柔中堅的處世智慧。選擇光明正大者做朋友。在遇險時攀附他人的原則。愛人者人愛之，助人者人助之。借力時堅守正道才會順利通達。以借力術讓違規的下屬自相治理。善於借力，與其單打獨鬥，不如藉勢而起。明確定位，學會看人，良臣擇主，切莫投機。

周易下經

䷞011／100　咸（通行本第31卦）／欽（帛書本第44卦）

山上有澤，咸；君子以虛受人。交感。感情交流。男女感應。坦誠待人。唇齒相依。辦事要三思而後行。無心之感陰陽和。無私才能愛。戀愛的藝術。夫唱婦隨的智慧。動之以情交真朋友。情感交流的重要性。心靈通達，咸感貞吉。順和美營造良好家風。交際祕訣在相互感應。相互溝通，建立感情。帶人帶心是管人的最高境界。在企業中營造家人般的溫馨。以夫婦感應原則處事的道理。相感以情，坦誠相待，用真誠贏得客戶的心。幫助他人就是幫助自己，成就別人也成就自己，幫助別人也是一種快樂，你付出什麼，就會得到什麼。追求感應，達成共鳴，尋求人才，用心交流。

䷟001／110　恆（通行本第32卦）／恆（帛書本第32卦）

雷風，恆；君子以立不易方。恆久。人貴有恆。白頭偕老。持之以恆。辦事要能夠通權達變。鍥而不捨恆久道。鍥而不捨，堅持不懈方能有所作為。成功的祕訣就是堅持。成事多艱，人貴有恆，成功貴在持之以恆。人貴有恆心。人貴有恆，鍥而不捨，堅持到底就是勝利。恆久的道理。做夫妻的學問。立不易方的智慧。堅定而不要拘泥。面對變化時持變有故。守恆識道，風行雷厲。恆常不變，相依相助。磨礪水滴石穿的恆心。勝利總存在於努力的終點處。保持穩定，堅持不懈，當機立斷，莫失主見。

䷠111／100　遯（通行本第33卦）／掾（帛書本第03卦）

天下有山，遯；君子以遠小人，不惡而嚴。退避。以退為進。退逐避險，逍遙隱居。學會逃避。適時退避。激流勇退。對待隱者之道。退避之道。退一步則進三分。退一步海闊天空。積極退避。遯世無悶待時行。及時退卻安身心。該抽身時則抽身。不惡而嚴的智慧。暫行退避，以圖振興。如何從小草變成遠志。看勢頭不對就要及時後退一步。在後退中把反對者引向「失道」。以退為進，屈中有伸，退中有進。當隱則隱，當退則退，隱藏自己不等於埋沒自己，不善進退者，自然

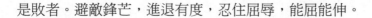

是敗者。避敵鋒芒,進退有度,忍住屈辱,能屈能伸。

䷡ 001／111　大壯（通行本第34卦）／泰壯（帛書本第26卦）

雷在天上,大壯;君子以非禮弗履。大為強盛。慎用強壯。盛而不躁。陽氣大盛。君子用罔。辦事要量力而行。聲震大壯,循道識禮。聲勢壯大,誠信自守。羝羊與籬笆。使人壯大之道。非禮勿履的智慧。強大時不可自矜。生氣壯盛戒驕溢。積蓄力量待奮發。智慧與勇力的較量。持壯而驕者必吃苦頭。最強盛時要自我節制。與人相處不可驕矜無禮。笑對榮辱可保善始善終。非禮弗履,克制自己,行止有度。過強則易折,過剛則易斷,軟繩子捆得住硬柴火,學會暫時妥協。保住果實,抵制誘惑,不改本色,適時總結。

䷢ 101／000　晉（通行本第35卦）／潘（帛書本第51卦）

明出地上,晉;君子以自昭明德。進長。晉長。以德進昇。為官之道。攻擊戰例。青天白日。爭取晉陞之道。晉長公正。晉陞明德,職級上進。求晉陞之道。德勤誠欲求上進。失得勿恤的智慧。柔順進長著明德。與人分享成功與財富。以德服人,光明恆久。依附明君,飛黃騰達。在正職面前立才不立權。不要做「與虎謀皮」之事。玩「陰招」終將自食其果。先謀後動,晉陞

必須動機純正、謹慎行事。居安思危，有備無患，先播種後秋收，做事是生存的根本。莫急一時，會抓機會，要識時務，該做再做。

䷣ 000／101　明夷（通行本第36卦）／明夷（帛書本第38卦）

明入地中，明夷；君子以蒞眾，用晦而明。光明殞傷。用晦之道。外愚內慧。黑暗無光。天下無道時君子的退隱之道。黑暗之中見光明。百折不撓守純正。箕子之貞的智慧。邪惡與光明的較量。困境中，自助人助。當光明沒入地下時。避凶防危，明夷脫險。要有「一葉知秋」的遠見。在苦難和被殘害時的求吉之道。「暗」中求「明」必須先自保。擁有一雙洞察「明夷」的火眼金睛。未雨綢繆，把一切防範措施落實在前面。韜光養晦、鋒芒不露、趨利避禍的智慧，低頭無妨做大事。不可衝動，莫逞英雄，韜光養晦，以靜制動。

䷤ 110／101　家人（通行本第37卦）／家人（帛書本第63卦）

風自火出，家人；君子以言有物而行有恆。一家之人。理家之道。治業如家。家庭秩序。治家之道。侯王君主的治家之道。家和萬事興。家道貞正天下興。和諧才是家。齊家與治國。團結守規日太平。相夫教子的智慧。怎樣才能算賢內助？相親相愛，各盡本分。持家有

方，家人同樂。別忽視家庭這棵「大樹」。是才即用，用人不避親與仇。「仇人」也可以成為得力助手。以愛心獲得和睦，用理解獲得幸福，家庭是幸福的搖籃，學會運用讚賞和理解。持家有道，申明孝悌，培養後人，生生不息。

䷥ 101／011　睽（通行本第38卦）／乖（帛書本第53卦）

上火下澤，睽；君子以同而異。乖背睽違。化分為合。分久必合。求同存異。異中求同。分背異化。睽乖之事多是人「疑」出來的。求同存異濟乎睽。求同存異化解分歧。求大同存小異，發展才是至理。求同存異，異中求同，共同發展。求同存異，互相尊重，理解是一縷精神陽光，尊重他人的習慣。全面靈活定成功。感化惡人的智慧。與你作對是在幫你。睽違少和，協調理析。因勢利導，求同存異。離與合、異與同的運用原則。把合作建立在相互信賴之上。靈活解決相互之間的矛盾與衝突。尋求統一，不要盲目，勿存芥蒂，以誠待人。

䷦ 010／100　蹇（通行本第39卦）／蹇（帛書本第20卦）

山上有水，蹇；君子以反身修德。行走艱難。山高水長，何懼蹇滯。止於至善。匡濟蹇難。君臣的納諫和進諫。變阻力為動力。困境中的謀略。反身修德的智慧。同舟共濟脫險難。休養生息解困境。艱難的外交紀行。抬頭看路防偏正道。如何逃離艱險之地。面對困境時的原則。遭遇困難，停止不前。不同的選擇就有不同的結果。在「蹇」境中要與員工共渡難關。並肩作戰，在困難面前與員工風雨同舟。前進之難山上有水，蹇。君子以反身修德。知難而退，能屈能伸，大丈夫就應當能屈能伸，以小步的退卻換取大踏步的前進。直面困境，莫失方寸，萬眾一心，不說放棄。

䷧ 001／010　解（通行本第40卦）／解（帛書本第30卦）

雷雨作，解；君子以赦過宥罪。紓解險難。清除小人。解脫寬鬆。君子的自我解放。解難行道防隱患。解脫困境的方法。解除困難，與民休息。平定內亂紀實。該出手時就出手。赦過宥罪的智慧。斷然出於解決問題。置身事外，紛擾立解。脫離苦海，施救解難。意識到危險時要儘快行動。脫離險境要勇於捨棄眼前利益。快速行動，解危時機到來時不可遲疑。用寬恕之心對待，以理解之心通融，寬人人寬，三尺道路六尺寬，志

當高遠，鴻鵠安與小雀爭。與人排憂，目標遠大，心存大義，兼以立威。

☶100／011　損（通行本第41卦）／損（帛書本第12卦）

山下有澤，損；君子以懲忿窒欲。減損。論失與得。減損之道。損陽補陰。量力而行。錦上添花。損、益的辯證關係。以誠為本。懲忿窒欲的智慧。老實吃虧終致益。得和失的辯證法。用理性控制暴躁。消解自己的怒氣。有捨有得贏人心。名利損失需要看淡。受損了要能放得下。控制情緒，避免衝動。損下益上，奪民不宜。搭個金窩才能引來鳳凰。丟卒保車以維繫最終勝利。運用金錢手段時要「酌損之」。解決了生存問題，人方有積極性。失小得大，要釣魚，就別吝惜魚餌。控制情緒，避免衝動，用理性控制暴躁，消解自己的怒氣。棄車保帥，險中求勝，壯士扼腕，當機立斷。

☲110／001　益（通行本第42卦）／益（帛書本第64卦）

風雷，益；君子以見善則遷，有過則改。增益。論得與失。增益之道。抓住機遇。聞利而動。雪中送炭。益下自損終自益。益下損上，增進廣益。益民則民悅，民悅國無疆。施利於下才能光明昌盛。有捨方能有得。見善則遷的智慧。見善則遷，有過則改。不計小利成大

事。不要忽視員工的「小利益」。增益的原則。助益他人，獲得信任。損、益的辯證關係。危難之時顯身手的英雄。吃虧是福氣，有失必有得，失去焉知非福，吃虧是福，不必計較。放下架子，適時獎賞，拉近距離，莫忘綠葉。

䷪ 011／111　夬（通行本第43卦）／夬（帛書本第42卦）

澤上於天，夬；君子以施祿及下，居德則忌。決斷。果決除奸。驅逐小人。穩健抉擇。該斷則斷。猛追窮寇。敵強我弱時不可應戰。夬決除惡揚王庭。夬決除惡，堅剛正義。拒諫者的下場。快刀才能斬亂麻。施祿及下的智慧。決斷小人的原則。當機時必須立斷。剛柔相濟得太平。在必要時壯士斷腕。清除小人，剛毅果斷。輕舉妄動易引火燒身。除奸前一定要爭取人員支持。爭取支持，除奸前要廣泛發動群眾。當斷則斷，果斷堅定，該出手時絕不猶豫，發現機會就採取果敢的行動。敢於面對，明確目標，學會識人，勿受蒙蔽。

䷫ 111／110　姤（通行本第44卦）／狗（帛書本第08卦）

天下有風，姤；后以施命誥四方。相遇。遇合之道。以正決邪。剛柔相濟。見微知著。不可主動求和。防微杜漸免禍害。防微杜漸，姤合巧遇。陰陽遇合自

有道。遇到壞人怎麼辦。品物咸章的智慧。應對邂逅的原則。結善緣，了惡緣。隱喻中的婚育觀念。「牝雞司晨」致禍亂。任何時候都遠離小人。邂逅相遇，防範邪惡。別讓員工問題變成問題員工。妥善解決抱怨中藏著的隱患。加強防範，防病往往比治病更重要。剛柔相濟，進退自如，高明的人特別注意藏鋒露拙，忍一時而成一世。小心用人，明確地位，自我立威，謹小慎微。

䷬ 011／000　萃（通行本第45卦）／卒（帛書本第43卦）

澤上於地，萃；君子以除戎器，戒不虞。會聚。團結聚合。聚合之道。聚集英才。勿交損友。眾心聚合。會聚人心之道。讓人聚集、服從之道。讓內部提拔為你聚集人氣。相聚的原則。修德服人說會聚。德行兼備聚人心。觀其所聚的智慧。慎重選擇交際圈。對朋友先擇而後交。萃英聚眾，共商大計。用各種辦法吸引人才。薈萃聚集，安和樂利。在如何留住員工上多動腦筋。求賢若渴，有用之才一個也不能放過。交友有分寸，處世有準則，不可濫交朋友，結交合適的朋友。團結眾人，學會合作，肯吃小虧，眼光放遠。

䷭ 000／110　升（通行本第46卦）／登（帛書本第40卦）

地中生木，升；君子以順德，積小以高大。上升。

順勢而昇。逐次上昇。君主的創業之道。厚積薄發。積聚昇進。積小成大順性昇。順勢而昇成大器。順勢上昇，積小成大。求昇進之道。怎樣提高自己。步步高升的智慧。有所援引才能升進。從小事上完善自己。選賢用能，昇平盛世。古代一次祭祀的記錄。勾畫出具體而可行的上昇藍圖。讓大家看到實現上昇的具體步驟。穩步前行，製定目標一定要從實際出發。君子以順德，積小以高大，別急於做大事。先重在做小事，做什麼事總是一路奮進。保持美德，重視德育，誠信樂施，必得後福。

䷮011／010　困（通行本第47卦）／困（帛書本第45卦）

澤無水，困；君子以致命遂志。困窮。處困之道。為官者的困境。身處逆境。自濟必通。身陷困境不屈服。是誰困住了你？善於應對困境。解救窮困之道。囚犯的牢獄生活。秣馬厲兵脫困境。努力脫困獲新生。當你進退失據時。困境求通的智慧。絆腳石變成墊腳石。知困苦學，早悟奮起。窮困自守，徐圖突破。冷處理有時也能產生熱效應。在困境中審時度勢、謹言慎行。徐圖漸進，欲度難關時不可操之過急。善於應對困境，善於擺脫潦倒，固則敗，變則通，充滿彈性地處世。直面困苦，打拚求勝，苦撐待變，只待一鳴。

☴ 010／110　井（通行本第48卦）／井（帛書本第24卦）

　　木上有水，井；君子以勞民勸相。水井。井德之美。廢物不廢。淘洗心靈。井養不窮。過猶不及。堅定不移。修井提水，看淡得失。修德惠人，大公無私。求賢若渴的智慧。求賢若渴，善待英才，人才是第一資源，給別人機會，就等於給自己機會。提高自我修養。改朝換代的寫照。功德無量井泉養。用賢與養的道理。好處莫忘惠及他人。養兵千日用兵一時。有付出就會有回報。管理者要放眼企業的明天。使用人力資源也不能「只用不養」。放眼未來，役物的過程中也應予以養物。與人為善，善行投資，互助互進，重視下屬。

☱ 011／101　革（通行本第49卦）／勒（帛書本第46卦）

　　澤中有火，革；君子以治歷明時。變革。變革之道。除弊之道。破除陳舊。革舊改制。改變自己。改革創新。改革的藝術。順天應人的智慧。順應潮流，與時俱進。順天應民，實行變革。革故布新順天人。革舊布新要把握時機。破舊立新，與時偕行，橫看成嶺側成峰，只有創新才不同，只有創新，才能進步。水火不容，三思而後行。審時度勢除舊弊。透過變革獲得新生。會產生變革的原則。要有勇氣切斷自己的後路。變革不動根本則難以挽救局面。大刀闊斧，變革不是修

飾，必須徹底。學會革新，變通創新，培養意識，注意適度。

䷱ 101／110　鼎（通行本第50卦）／鼎（帛書本第56卦）

木上有火，鼎；君子以正位凝命。鼎器烹煮。去故取新。鼎立新風。打破常規。改革創新之道。養賢育才之時。養賢用人之道。養賢鼎新，改天換地。鼎食以烹在新人。鼎力更新隆運昌。廣納賢良為己用。穩重圖變的智慧。耐心等待時機成熟。飲食、男女與鼎新。除舊布新，用賢任能。制定出有效的獎金計劃。寶劍贈英雄，重金賞勇夫。發獎金的手法要「耐人尋味」。經濟天下，把手下人賞成一夥「勇夫」。知人善用，合理搭配，抓大放小，知人善任，善於運用下屬的智慧。學會調配，再行加工，學通理念，用於自身。

䷲ 001／001　震（通行本第51卦）／辰（帛書本第25卦）

洊雷，震；君子以恐懼修省。震動。化危為安。雷振而起。處變不驚。貫徹新政要雷厲風行。雷震壓驚貴內省。震懼修省拓亨途。雷震壓驚，內省反思。臨危不亂離險境。臨危不亂的智慧。外亂而心不亂。人須有敬畏之心。應對意外震驚之道。災難來臨，從容鎮定。上天的警示與品德修養。在雷霆突來時鎮定應對。越是情

況危急越要沉著冷靜。不自亂陣腳，才能指揮別人。沉穩不驚，遇事沉著是管理者的重要素質。無懼則無畏，有勇則有成，勇氣會給你帶來運氣，勇敢者離成功最近。高瞻遠矚，心如止水，敢於當先，法紀嚴明。

䷳ 100／100　艮（通行本第52卦）／根（帛書本第09卦）

兼山，艮；君子以思不出其位。抑止。自我控制。不出其位。執行新政要放棄一切企圖抵制的念頭和行為。時止則止光明行。時止則止注意分寸。山止不動，心無旁騖。適可而止之道。審時度勢定進退。動靜得宜的智慧。安貧樂道心繫物外。艮止正位，止於當止。當行則行，當止則止。非禮勿言，非禮勿動。自我節制，適可而止。成功的領導從不三心二意。做事投入，才能深入其中。像高山停峙一樣以靜養動。專注是金，做領導，不能為外力所擾。在其位‧謀其政，權力越大，責任越大，勇於負責，機會更多。當止則止，學會克制，一念之間，佛魔兩道。

䷴ 110／100　漸（通行本第53卦）／漸（帛書本第60卦）

山上有木，漸；君子以居賢德善俗。漸進。循序漸進。漸進之道。循序漸進。不可遠離安身立命之地。一點點昇華。循序漸進竟其功。循序漸進的智慧。循序

漸進地前進。循序漸進終成事。傳統婚姻的典範。腳踏實地向前進。循序漸進，動靜自然。循序漸進，自成好事。循序漸進自然水到渠成。戰略要從細節中來，到細節中去。追求細節越深入，執行力就越好。注重細節，失之毫釐往往會謬之千里。循序漸進，欲速不達，有理有序才不會手忙腳亂，尊重自然性的程序。穩中求勝，充分準備，不貪小利，孕育生機。

䷵001／011　歸妹（通行本第54卦）／歸妹（帛書本第29卦）

澤上有雷，歸妹；君子以永終知敝。嫁出少女。婚嫁之道。想好歸宿。少女婚配。辦事要按次序守規矩。永終矢口弊。血淚淋漓論婚嫁。依禮行事終無憂。畸形的政治婚姻。成家立業的智慧。處下以守拙為上。修德去偽循禮而行。暫時不宜鋒芒畢露。談婚論嫁，堅守婦德。欣結良緣，歸妹依禮。相契是一切事的基礎。得到美好婚姻的原則。適當保持與女下屬之間的距離。持身守正，處理好與女性員工的關係。專心如一，白頭偕老，愛就要愛他（她）的一切，愛需要理解與體諒。顧全大局，不可衝動，看清本質，小心表象。

䷶001／101　豐（通行本第55卦）／豐（帛書本第31卦）

雷電皆至，豐；君子以折獄致刑。豐大。強盛不

衰。守中保豐。羽毛豐滿。為君者不可忽視臣下和百姓的功績。豐盛不蔽光明行。豐茂光明，正大不蔽。豐盛之時，持盈保泰。當你如日中天時。盛衰無常的智慧。盛衰無常的道理。如日中天須有戒懼。最應該警惕的時刻。古代一次日食記錄。日中則昃，月滿則虧。明動相資見「豐」大。適時提攜，培養忠誠的追隨者。在回報與奉獻中追求更大價值。回報社會就是人所追求的最大價值。施恩得報，巧妙激發下屬的報恩心理。富要學會施捨，達應兼濟天下，布施是一種責任。展示願景，保住成果，抗拒虛浮，笑到最後。

101／100　旅（通行本第56卦）／旅（帛書本第52卦）

　　山上有火，旅；君子以明慎用刑而不留獄。行旅。行旅之道。萍蹤浪跡。人要有歸宿感。人在旅途。人生旅途道為先。人在旅途安全第一。客居者宜忌。未求進時先思退。明慎用刑的智慧。動盪中堅持誠信。行旅風霜說辛酸。謙和柔善，旅途亨通。獨與天地精神相往來。顛沛流離，安定為先。憂前顧後，自取災禍。旅途中求得安定的道理。放下架子，與員工平等相處。下命令不妨用請求與商量的語氣。胸懷世界，放眼四海，立大志，做小事。保持低調，降低優越感可得眾人之心。客行惟慎，見機行事，擺低姿態，適時出手。

☴ 110／110　巽（通行本第57卦）／算（帛書本第57卦）

　　隨風，巽；君子以申命行事。順從。以屈求伸。謙遜如風。柔順以進。申命行事。風伏而入。謙虛不是沒有主見。謙遜受益的智慧。謙遜以收攬人心的道理。順遜容人成大器。順入人心秉剛正。柔順剛正，即要靈活變通又要保持中正。春風化雨潤人心田。大人相助，巽風齊物。擇善而從，謙虛柔順。剛柔相濟方可進退自如。用心靈的謙遜對待別人。不可任用過於柔順的「奴才」。管理者應廉柔做人，剛正做事。掌握自己的命運，成就自己的未來，對自己寄予厚望，態度決定一切。上下齊心，營造氛圍，柔順適度，勿失魄力。

☱ 011／011　兌（通行本第58卦）／奪（帛書本第41卦）

　　麗澤，兌；君子以朋友講習。欣悅。和悅相處。取悅之道。言談喜悅。談話的藝術。同人談判之道。和悅處世心態正。和顏悅色待人，親和親切處事，雪中送炭最動人心。歡悅以道遠邪媚。心靈的最佳狀態。莫讓諂言障雙眼。朋友講習的智慧。贈人玫瑰己手留香。喜悅和樂，修德和睦。外柔內剛，與人和悅。待人接物要和顏悅色。把握和悅之道的原則。用心溝通，才能效果良好。與人同樂才是真正的喜樂。有效溝通是成功管人的前提。加強溝通，員工的積極性是「讀」出來的。追求

協調，平等誠信，增進親和，與眾偕樂。

 110／010　渙（通行本第59卦）／渙（帛書本第62卦）

風行水上，渙；先王以享於帝立廟。渙散。拯濟渙散。堅冰消融。防止渙散。救治民心渙散之道。堅貞自守，渙散離析。拯救渙散的智慧。拯救渙散，消除私心。渙散為了聚攏。臨災逢變創新天。風行水上現至文。集體的力量大於天。恩威並施瓦解對手。學會與人同舟共濟。古代洪水泛濫的景象。錦上添花不如雪中送炭。過於懷柔會導致組織渙散。扭轉局面更需要強有力的措施。在處於豐盛安逸的環境時拯救渙散的原則。聚石為山，拯救渙散需要強有力的手段。同心同德，凝心聚力，人情是最經濟的投資，「誠敬」二字最動人心。協調合作，齊心求進，不可失控，離心必敗。

010／011　節（通行本第60卦）／節（帛書本第21卦）

澤上有水，節；君子以制數度，議德行。節制。節儉。節制之道。節制有度。信約節止。適當節制的智慧。適當地節制自己。適可而止知節制。適當節制，不逾規範。節制的原則。節用之間須有度。節制知止，適可合理。把握好分寸。甘節苦節吉凶別。堅守「苦節」留譽名。不要讓權力控制走向極端。保留必要權力，防

止權力失控。摧毀威脅控制權的「小圈子」。大權在握，應該擁有的權力絕不能丟。潔身自愛，無欲則剛，不想佔有就不會有坎坷，達亦不足貴，窮亦不足悲。學會節制，適當克制，不可縱欲，留有餘地。

☰ 110／011　中孚（通行本第61卦）／中復（帛書本第61卦）

澤上有風，中孚；君子以議獄緩死。中心誠信。誠信之道。至誠至信。節儉致富。如合符契。誠信之道感天地。誠信貫通天地人。誠信立身的智慧。誠實中正方得人心。誠信的人們有福了。誠信之德，促進和諧。誠信是贏得人心的第一要訣。人以信為本。講誠信，善待人。守信是最大的美德。中孚誠信，廣結善士。立身處事之本「誠信」把握的原則。言必行，行必果，失去誠信最可怕，別答應你無法兌現的事。恪守篤誠，一諾千金，信義當先，勿失美德。

☶ 001／100　小過（通行本第62卦）／少過（帛書本第28卦）

山上有雷，小過；君子以行過乎恭，喪過乎哀，用過乎儉。小有過越。中庸之道。過以致中。過猶不及。矯枉過正。小過無妨多通變。小過無妨，照忙小事。在行動時過度與收斂的道理。在上司面前說話做事姿態要低。每日自省吾身。行動有度的智慧。矯枉過正致大

吉。找尋自己的天空。做事應講一個斂字。容忍別人的
小過失。雄獅往往不必咆哮。因應時機，小有過越。與
上司同行，一定不要「越位」。準確定位，在上司面前
擺正自己的身分。坦然面對挫折與逆境，在挫折中選擇
開朗與快樂。謹小慎微，不可招搖，首求安全，再圖發
展。

䷾ 010／101　既濟（通行本第63卦）／既濟（帛書本第22卦）

水在火上，既濟；君子以思患而豫防之。事已成。
慎終如始。成不忘敗。圓滿成功。穩健守成。未雨綢
繆。新生政權不宜進行向外征伐。成功時戒驕戒躁。功
成名就須謹慎。功成身退的智慧。思患預防濟其功。成
功後的日子其實並不輕鬆。成功後在盛極必衰時減少損
失的原則。修心以自養。既濟功成，仍須努力。萬事皆
濟，守成不易。做事情要趕在別人前面。不可被表面的
盛大所迷惑。居安思危，驕奢自滿會導致得而復失。踏
實努力，勤奮進取，幸運之神永遠不會光顧懶人，勤奮
需要有聰明伴隨。得意適度，不可忘形，保持警惕，從
零開始。

䷿ 101／010　未濟（通行本第64卦）／未濟（帛書本第54卦）

火在水上，未濟；君子以慎辨物居方。事未成。

變易無窮。以終為始。新的起點。從頭開始。避免功敗垂成之道。曙光在前新征途。變易無窮向前行。正確地看待遺憾。為自己的選擇負責。風高帆懸，大江未濟。道不可窮，生生不已。物不可窮，繼續演進。不要堵塞了員工的上進之路。革命尚未成功，同志仍需努力。永不止步，征途實無窮，奮鬥當不止。在接近成功時，在最危險、關鍵、成敗立決的時刻應採取的原則。人貴自知，辨物居方，高明者高在有自知之明，切勿自以為比別人聰明。學會衝刺，挑戰人生，突破黑暗，即見曙光。

《易經》

六十四卦的時間概念表

節氣	立春	驚蟄	清明	立夏	芒種	小暑	立秋	白露	寒露	立冬	大雪	小寒
	雨水	春分	穀雨	小滿	夏至	大暑	處暑	秋分	霜降	小雪	冬至	大寒
	正月	二月	三月	四月	五月	六月	七月	八月	九月	十月	十一月	十二月
01～06	小過	需	豫	旅	大有	鼎	恆	巽	歸妹	艮	未濟	屯
07～12	蒙	隨	訟	師	家人	豐	節	萃	无妄	既濟	蹇	謙
13～18	益	晉	蠱	比	井	渙	同人	大畜	明夷	噬嗑	頤	睽
19～24	漸	解	革	小畜	咸	履	損	賁	困	大過	中孚	升
25～30	泰 震	大壯	夬	乾	姤 離	遯	否	觀 兌	剝	坤	復 坎	臨

＊每一節氣（三十日）管五卦，一卦相次管六日，逐日
　終而復始。震卦為春分當日，離卦為夏至當日，兌卦
　為秋分當日，坎卦為冬至當日。

＊如果人意（也就是占問時已有預設時間）與天意相
　符，就不必拘泥制式的時間表。如無預設時間請參考
　本表時間。

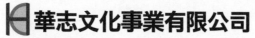

華志文化事業有限公司
HUACHIH CULTURE CO., LTD

116 台北市文山區興隆路 4 段 96 巷 3 弄 6 號 4 樓
E-mail：huachihbook@yahoo.com.tw　電話：(886-2)22341779

【圖書目錄】

書號	書名	定價	書號	書名	定價
	健康養生小百科 18K				
A001	圖解特效養生 36 大穴（彩色）	300 元	A002	圖解快速取穴法（彩色）	300 元
A003	圖解對症手足頭耳按摩（彩色）	300 元	A004	圖解刮痧拔罐艾灸養生療法(彩)	300 元
A005	一味中藥補養全家（彩色）	280 元	A006	本草綱目食物養生圖鑑（彩色）	300 元
A007	選對中藥養好身（彩色）	300 元	A008	餐桌上的抗癌食品（雙色）	280 元
A009	彩色針灸穴位圖鑑（彩色）	280 元	A010	鼻病與咳喘的中醫快速療法	300 元
A011	拍拍打打養五臟（雙色）	300 元	A012	五色食物養五臟（雙色）	280 元
A013	痠痛革命	300 元	A014	你不可不知的防癌抗癌 100 招（雙）	300 元
A015	自我免疫系統是最好的醫院	270 元	A016	美魔女氧生術（彩色）	280 元
	心理勵志小百科 18K				
B001	全世界都在用的 80 個關鍵思維	280 元	B002	學會寬容	280 元
B003	用幽默化解沉默	280 元	B004	學會包容	280 元
B005	引爆潛能	280 元	B006	學會逆向思考	280 元
B007	全世界都在用的智慧定律	300 元	B008	人生三思	270 元
B009	陌生開發心理戰	270 元	B010	人生三談	270 元
B011	全世界都在學的逆境智商	280 元	B012	引爆成功的資本	280 元
B013	每個人都要會的幽默學	280 元	B014	潛意識的智慧	270 元
B015	10 天打造超強的成功智慧	280 元			
	諸子百家大講座 18K				
D001	鬼谷子全書	280 元	D002	莊子全書	280 元
D003	道德經全書	280 元	D004	論語全書	280 元
	休閒生活館 25K				
C101	噴飯笑話集	169 元	C102	捧腹 1001 夜	169 元
	生活有機園 25K				
E001	樂在變臉	220 元	E002	你淡定了嗎？不是路已走到盡頭，而是該轉彎的時候	220 元

E003	點亮一盞明燈：圓融人生的 66 個觀念	200 元	E004	減壓革命：即使沮喪抓狂,你也可以輕鬆瞬間擊潰	200 元
E005	低智商的台灣社會：100 個荒謬亂象大解析，改變心態救自己	250 元	E006	豁達：再難也要堅持，再痛也要放下	200 元
命理館 25K					
F001	我學易經的第一步：易有幾千歲的壽命，還活得很有活力	250 元			
口袋書系列 64K					
C001	易占隨身手冊	230 元	C002	兩岸簡繁體對照手冊	200 元

【純電子書目錄（未出紙本書）】

書號	書名	定價	書號	書名	定價
人物館					
E001	影響世界歷史的 100 位帝王	300 元	E002	曾國藩成功全集	350 元
E003	李嘉誠商學全集	300 元	E004	時尚名門的品牌傳奇	280 元
E005	時尚名門的品牌傳奇	280 元			
歷史館					
E101	世界歷史英雄之謎	280 元	E102	世界歷史宮廷之謎	280 元
E103	為將之道	280 元	E104	世界歷史上的經典戰役	280 元
E105	世界歷史戰事傳奇	280 元	E106	中國歷史人物的讀心術	280 元
E107	中國歷史文化祕辛	280 元	E107	中國人的另類臉譜	280 元
勵志館					
E201	學會選擇學會放棄	280 元	E202	性格左右一生	280 元
E203	心態決定命運	280 元	E204	給人生的心靈雞湯	280 元
E205	博弈論全集	350 元	E206	給心靈一份平靜	280 元
E207	謀略的故事	300 元	E208	用思考打造成功	260 元
E209	高調處世低調做人	300 元	E210	小故事大口才	260 元
E211	口才的故事	260 元			
軍事館					
E301	世界歷史兵家必爭之地	280 元	E302	戰爭的哲學藝術	280 元
E303	兵法的哲學藝術	280 元			
中華文化館					
E401	中華傳統文化價值觀	260 元	E402	人生智慧寶典	280 元
E403	母慈子孝	220 元	E404	家和萬事興	260 元
E405	找尋中國文化精神	260 元			
財經館					
E501	員工的士兵精神	250 元			

國家圖書館出版品預行編目資料

我學易經的第一步：「易」有幾千歲的壽命，
而且活得很有活力 / 朱恩仁作. -- 初版.--
新北市：華志文化, 2013.06
面； 公分. --（命理館；1）
ISBN 978-986-5936-43-3（平裝）

1. 易占

292.1 102007602

Ｋ 華志文化事業有限公司

系列／命理館 ⓪ ⓪ ①

書名／我學易經的第一步：「易」有幾千歲的壽命，而且活得很有活力

作　　者　朱恩仁

執行編輯　林雅婷

美術編輯　簡郁庭

文字校對　陳麗鳳

企劃執行　康敏才

總　編　輯　黃志中

社　　長　楊凱翔

出　版　者　華志文化事業有限公司

電子信箱　huachihbook@yahoo.com.tw

地　　址　116 台北市文山區興隆路四段九十六巷三弄六號四樓

電　　話　02-22341779

總經銷商　旭昇圖書有限公司

地　　址　235 新北市中和區中山路二段三五二號二樓

電　　話　02-22451480

傳　　真　02-22451479

郵政劃撥　戶名：旭昇圖書有限公司（帳號：12935041）

電子信箱　s1686688@ms31.hinet.net

出版日期　西元二〇一三年六月出版第一刷

售　　價　二五〇元

版權所有　禁止翻印

Printed in Taiwan

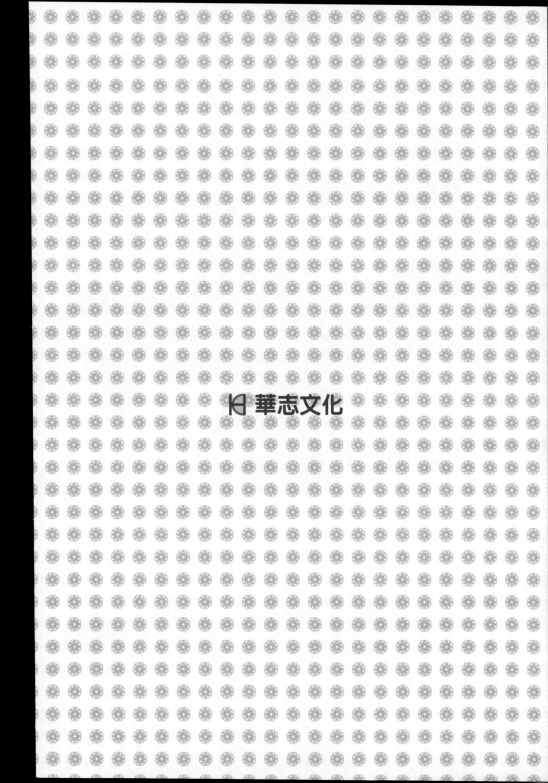

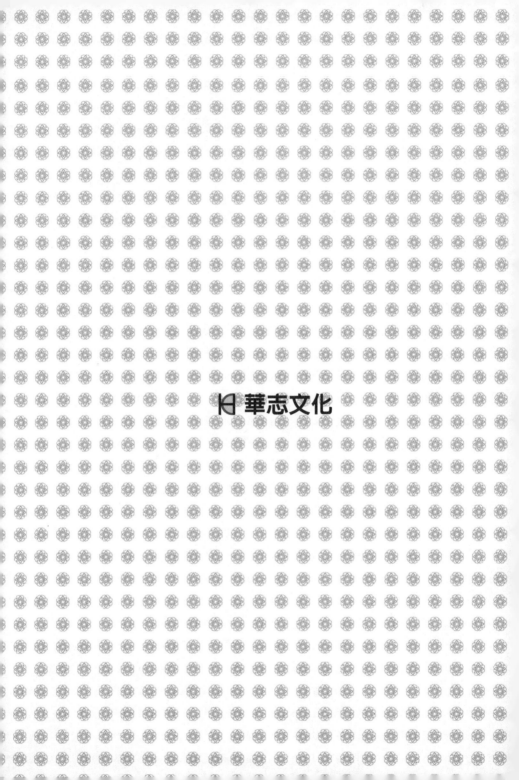
華志文化

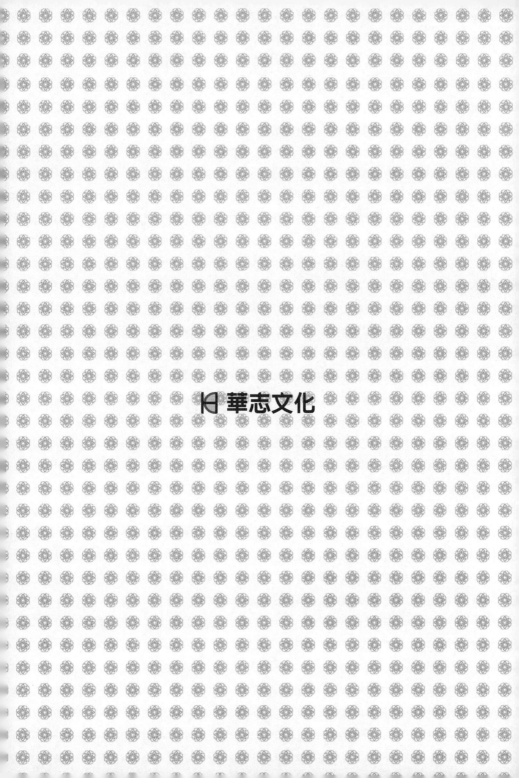